의자왕을 고백하다

의자왕을 고백하다
의자왕과 계백, 진실은 무엇인가?

초판 1쇄 펴낸 날 2011. 10. 7

지은이	이희진
발행인	홍정우
편집인	이민영
디자인	문인순
마케팅	김성규, 한대혁
발행처	도서출판 가람기획
등록	제17-241(2007. 3. 17)
주소	(121-841)서울시 마포구 서교동 465-11 동진빌딩 3층
전화	(02)3275-2915~7
팩스	(02)3275-2918
이메일	garam815@chol.com
홈페이지	www.grbs.co.kr

ⓒ 이희진, 2011
ISBN 978-89-8435-308-4(03910)

값은 뒤표지에 있습니다.
잘못 만들어진 책은 구입하신 서점에서 바꾸어 드립니다.

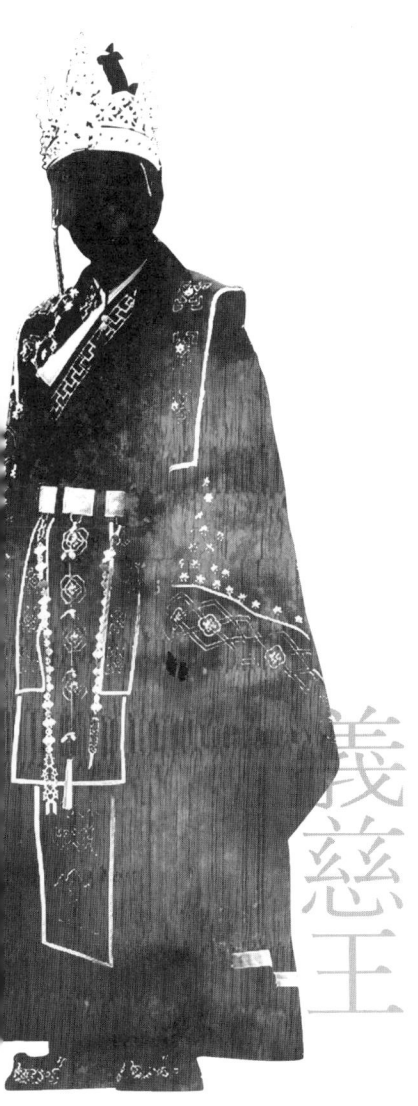

의자왕과 계백, 진실은 무엇인가?

의자왕을 고백하다

이희진 지음

 들어가면서

다르게 평가되는 의자왕과 계백

의자왕과 함께 백제의 마지막을 장식한 역사에 세트처럼 등장하는 인물이 계백이다. 의자왕이 나라를 망친 왕으로 지탄 받는 데 비하여, 계백은 지금까지도 목숨을 바쳐 나라를 지키려 했던 장군으로 추앙받고 있다.

현재까지는 이러한 인식이 굳어져 가는 것 같다. 그런데 이러한 인식이 명백한 사실에 기반을 두고 생겨난 것일까? 의자왕과 계백이라는 인물을 묘사한 설화와 전설은 말할 것도 없고, 심지어 일부 역사 기록까지도 실제 사실과 다르거나 의심스러운 경우가 많다.

그러면 무엇 때문에 사실과 다른 설화와 전설 등이 남아 사람들의 인식을 엉뚱한 방향으로 몰아가고 있을까? 답은 편견이다. 사람이 아무리 없애려 해도 없어지지 않는 게 편견이라는 말이 있다. 그만큼 편견을 없애기가 쉽지 않다는 뜻이다.

편견은 일상생활에서만 작용하는 게 아니라 역사적 사실을 보는 시각에도 예외 없이 작용한다. 특히 패자(敗者)의 역사를 평가하는 데 있어서는 가혹하리만큼 커다란 영향을 준다. 개인적으로 사례를 꼽자면 백제의 멸망을 평가하면서 벌어지는 사태를 제시하고 싶다. 이 사건에 대한 평가에 편견이 가장 심하게 작용해왔던 듯하다.

아이들이 읽는 동화에서까지, 백제는 마지막 왕인 의자왕이 삼천궁녀와 놀아나면서 정사(政事)를 돌보지 않아 멸망했다고 되어 있다. 그냥 정사를 돌보지 않았다는 정도가 아니다. 성충(成忠)·흥수(興首) 같이 나라를 걱정하는 충신들이 나당연합군(羅唐聯合軍)을 백강(白江)과 탄현(炭峴)에서 막아야 한다고 주장했지만 묵살해버렸다고 한다. 술과 여자에 빠져 있다 보니 사리를 분별할 능력까지 없어져버렸다고 이해할 수밖에 없다.

왕만 그랬던 것이 아니라고 한다. 극소수의 충신들을 제외한 백제 귀족들 역시 사리사욕을 채우려고 나라를 지킬 생각은 않고 성충과 흥수를 모략하기 바빴다는 식으로 알려져 있다. 그래서 무조건 반대하다보니 적을 백강과 탄현에서 막을 기회를 놓쳤다는 것이다. 이것이 흔히 알려진 백제의 멸망 스토리다.

그런데 대부분이 그렇게 알고 있다고 해서 그것이 역사적 사실일까? 따지고 보면 이상한 게 하나둘이 아니다.

의자왕은 한때 중국에서 해동증자(海東曾子)라는 평가까지 받았던 인물이다. 그런 사람이 갑자기 기본적인 정사조차 돌보지 않는 난봉꾼으로 전락했다고 한다.

백제 귀족들도 그렇다. 당시는 요즘처럼 재산을 빼돌리고 망명이라도 갈 수 있는 시대가 아니다. 나라가 망하면 제일 큰 피해를 보는 사람이 그 나라의 귀족들이다. 그런데도 성충과 흥수가 밉다는 이유만으로 적을 막을 수 있는 기회를 무조건 반대했을까?

물론 사람이라는 건 변할 수 있다. 또 보는 사람에 따라 평가가 다를 수도 있다. 중국 기록에 해동증자라는 말이 있다고 해서 의자왕이 무조건 훌륭한 사람이었다고 생각할 필요는 없다.

또 오늘날에도 나라가 망하건 말건 사리사욕만 채우려는 지도층

인사는 많다. 무조건 반대만 일삼는 자들이 적은 것도 아니다. 그러니 옛날 백제라고 별 수 있었겠느냐는 생각도 할 법하다. 그렇지만 오늘날 흔히 일어나는 일이라고 해서 과거에 일어났던 모든 사건이 똑같은 맥락에서 일어나는 건 아니다.

세상에는 할 만큼 해도 중과부적(衆寡不敵)인 상황에서 어쩔 수 없이 당하는 일도 많다. 백제가 나당연합군에 의해 멸망할 당시에 벌어졌던 전투를 검토해보면, 오히려 이런 측면이 더 강하게 나타난다.

기록에 의하면 이 때 투입된 당나라군대는 13만, 신라군은 5만이었다고 한다. 이 정도 전력을 상대로 싸워야 하는 백제로서는 그 자체가 벅찬 상황이다. 물론 상황에 관계없이 백제 측에 어이없는 전략적 실책이 있었다면 백제 지배층의 무능과 분열이 멸망의 주요 원인이라는 평가가 내려진다 해도 큰 문제가 없다. 그러나 그렇지 않다면 이 평가는 후대의 시각으로 역사를 윤색하는 결과가 될 것이다.

반대로 계백에 대해서는 터무니없는 사실까지 덧붙여 부풀리는 것

같다. 하나의 사례를 들어 보자. 나라가 위기에 몰리자 계백이 5천밖에 안 되는 결사대로 10배나 되는 신라군과 맞섰다고 알려져 있다.

하지만 당시 5천이 적은 병력도 아니고 계백의 부대가 결사대도 아니었다는 사실을 아는 사람은 많지 않다. 이 사실은 지금까지 철저하게 묻혀왔다. 이 역시 편견 때문이라고 할 수 있다. 나라가 망하는 마지막 전쟁에 부대를 이끌고 나아가 장렬하게 전사한 지휘관이라면 누구든 높이 평가하고 싶은 생각이 들 수 있다.

7세기 중엽, 백제의 멸망은 동아시아 역사에 한 축을 이루고 있었던 강국이 없어져버린 사건이었다. 따라서 이후의 역사에도 엄청난 파란을 일으키지 않을 수 없었다. 당연히 이 사건의 배경을 어떻게 해석하느냐에 따라 역사를 이해하는 관점 자체가 달라지게 된다.

이 정도의 비중을 가진 사건을 제멋대로 해석한다면, 결국 역사 자체를 잘못 이해하는 결과를 낳게 될 것이다. 그리고 이런 태도는 비단 역사에 대한 이해로 그치지 않는다. 역사에 대한 왜곡된 이해는 현실에 대한 왜곡된 인식으로 이어지게 된다.

그러면 의자왕과 계백에 대한 이야기가 어디부터 어디까지 얼마나 왜곡되어 있는지 살펴보자.

여기 관련된 이야기들은 몇 년 전 백제가 멸망하게 된 전쟁 이야기를 책으로 출간하면서 일부 정리가 되었던 내용이다. 그래서 겹치는 부분이 조금 나온다. 하지만 그 책은 이미 절판된 상태이고 이번 기회에 의자왕과 계백을 중심으로 재구성해서 내게 되었음을 밝혀둔다. 마지막으로 이 책 내용과 관련된 군사적 문제에 대하여 조언을 아끼지 않은 신효승 소령께 감사의 뜻을 전하고 싶다.

- 이희진

차례

들어가면서 · 4

1. 설화와 전설에서부터 엇갈린 의자왕과 계백

있지도 않았던 삼천궁녀 · 16
의자왕을 모욕하는 그 밖의 전설들 · 22
편견으로 왜곡된 전설 · 26
병 주고 약 주는 전설 · 29
편견의 뿌리 · 33
꿈보다 해몽 · 37
귀에 걸면 귀걸이 코에 걸면 코걸이 · 42
반전의 가능성을 보여주는 설화 · 46
칭송일색 계백 설화 · 49
설화는 이렇게 만들어질 수도 있다 · 52

2. 의자왕 시대의 실상은 어땠을까?

의자왕의 인간성에 대한 당대의 평가와 치적 · 62
백제와 신라 누가 몰리고 있었을까? · 65
신라 측 전력의 한계 · 69
위기에 몰리던 쪽은 신라였다 · 75
실책은 엉뚱한 곳에 · 77
지도자의 선택과 국가의 운명 · 82
사비함락이 백제멸망은 아니었다 · 85
나비효과 · 87
의자왕의 항복이 자기희생적? · 90
너무 미화할 필요는 없다 · 94

3. 계백을 띄워라

무엇 때문에 계백을 각별하게 챙겼을까? · 100
긍정적일 수밖에 없는 계백에 대한 평가 · 104
계백의 말, 정말 계백이 했을까? · 107
계백이 정말 전황을 비관했을까? · 110
계백이 이끌었던 부대는 결사대가 아니었다 · 113
칭송만이 능사일까? · 117
지세를 잘 이용했다? · 119
훈시를 잘 했으니 명장? · 123
휴머니즘이 가득한 전장? · 125
휴머니즘으로 둔갑한 전략적 계산 · 128
오욕의 수치스런 삶이 된 충상과 상영 · 130
납득하기 어려운 죄목들 · 134
포로가 되었다는 죄 · 137
충상과 상영은 영웅일 수도 있다! · 139

4. 실제 황산벌 전투는 어떻게 진행되었을까?
당의 입장과 전략 · 146
신라군은 왜 따로 움직였을까? · 149
신라군은 보급부대였다 · 152
백제의 대응전략에 갈등이 있었다? · 158
의직도 생각이 있었다 · 161
상영의 계산 · 165
백제의 전략 · 168
실전은 어떻게 진행되었을까? · 172
백강 방면의 사정과 전투상황 · 182

5. 의자왕을 매도한 역사학자들
의자왕의 성격이 교만 때문에 변했다? · 192
대중문화에서의 확인사살 · 198
백제가 외교전에서 실패했다? · 201
천자의 뜻을 거역한 죄? · 204
백제가 망한 원인이 오만 때문? · 207
외척의 횡포가 결정타였을까? · 212
의자왕이 침공의 낌새도 눈치채지 못했다? · 218
의자왕이 술과 향락에 빠져 있었을까? · 223

6. 역사학자들이 실추시킨 백제의 이미지

사택지적의 정계은퇴가 정치 탓? · 230

역사가들이 만들어낸 간첩, 백제 좌평 임자 · 235

간첩활동을 한 인물은 조미갑일 뿐이다 · 239

혼란의 주범으로 몰린 백제 귀족들 · 242

백강을 막지 않았다는 말은 사실이 아니다! · 246

탄현은 사정이 있었다 · 250

이중잣대 · 252

맺으면서 · 258
참고문헌 · 262

제1장
설화와 전설에서부터 엇갈린 의자왕과 계백

의자왕과 함께 백제의 마지막을 장식한 역사에 세트처럼 등장하는 인물이 계백이다. 의자왕이 나라를 망친 왕으로 지탄 받는 데 비하여, 계백은 지금까지도 목숨을 바쳐 나라를 지키려 했던 장군으로 추앙받고 있다. 하지만 과연 사실도 그럴까? 설화와 전설에서부터 의자왕과 계백이 어떻게 평가되는지 살펴보자.

있지도 않았던 삼천궁녀

　의자왕을 매도한 사례 중, 가장 유명하면서도 황당한 이야기가 이른바 '삼천궁녀' 전설이다. 대부분의 한국 사람들은 어릴 때 동화 등에서부터 의자왕과 삼천궁녀 이야기를 접하면서 자란다. 백제의 마지막 왕인 의자왕이 삼천궁녀와 방탕하게 살며 정치를 돌보지 않아 700년 가까이 이어져 온 나라를 망하게 했다고 믿는 것이다. 하다못해 동요에까지 '삼천궁녀 의자왕' 이라는 가사가 있다.

　정보화 사회라는 요즘도 유명 포털 사이트에서까지 낙화암을 검색어로 치면 삼천궁녀의 이야기가 먼저 나온다. 이러한 이야기를 듣고 자란 사람들이 이를 사실로 여기지 않으면 오히려 이상할 것이다.

　단순히 듣는 이야기로만 그치는 것도 아니다. 눈으로 보면서 확인한다고 믿게끔 만들어주는 것도 있다. 바로 '백제의 유산' 이라는 식으로 소개되는 유적들이다. 그 중 하나가 이른바 낙화암(落花岩)이다. 백제의 마지막 도읍지였던 현재의 부여에 가면 대부분의 관광지가 백제 유적이다. 이 유적 중에는 삼천궁녀가 떨어져 죽었다는 낙화암이 유명하다. 또 이 낙화암 아래에는 삼천궁녀가 떨어져 죽는 장면을 그려놓은 벽화까지 있다.

관광을 가든 수학여행을 가든, 백제 마지막 도읍지 부여에 한두 번 가보지 않은 사람은 많지 않을 것이다. 그런 사람들이 이런 이야기를 듣고, 자기 눈으로 유적까지 보면 당연히 의자왕이 삼천궁녀와 방탕하게 살았다고 생각할 수밖에 없다.

그렇지만 대부분의 사람들이 믿고 있는 사실답지 않게 의자왕과 관련된 많은 이야기들이 조작되거나 왜곡되어 있다. 어떻게 보면 의자왕은 실제와 다르게 후세에 만들어진 역사로 인하여 '세상에서 가장 못난 왕'이 되어버린 측면이 강하다. 많은 사람들이 이 말을 들으면 어리둥절할지도 모르겠다.

그러나 전문가들 사이에서는 삼천궁녀가 실제로 존재하지도 않았다는 점이 이미 상식에 속한다. 적어도 고대에 작성된 기록 중에는 삼천궁녀에 대해 한마디라도 언급한 내용이 없다. 가장 비슷한 기록이라고 해봐야 《삼국사기》〈백제본기〉 의자왕 16년에 나오는 다음 내용이 고작이다.

봄 3월에 왕은 궁녀와 더불어 주색에 빠지고 마음껏 즐기며

술 마시기를 그치지 아니하였다.

얼핏 보면 의자왕이 궁녀들과 주색에 빠져있던 사실을 확인해주는 기록이 아니냐고 할 수 있다. 그렇지만 궁에 궁녀가 있어 왕이 궁녀와 즐기는 일은 어느 시대 어느 왕에게나 있는 일이다.

의자왕이 훨씬 더 심각했다면 문제가 조금 달라지겠지만, 이 내용은 별개의 차원이니 나중에 자세히 다루어야 할 것이다. 어쨌든 《삼국사기》에 '궁녀와 더불어 주색에 빠졌다'는 내용 자체만으로는 특별히 의자왕에게만 있는 일도 아니고, 궁녀가 삼천 명씩이나 있었다는 사실이 증명되는 것도 아니다.

바로 이 맹점이 다큐멘터리에서 소개된 적도 있다. 조선시대에도 백여 명 정도에 불과했던 궁녀가 백제에 삼천 명씩이나 있었을 리 없다는 점부터 시작해서 기본상식만으로도 삼천궁녀의 존재가 엉터리라는 점을 증명하기는 쉽다.

당연히 있지도 않았던 궁녀들이 떨어져 죽었다는 낙화암의 전설도 사실과 다르다. 그러면 고란사(皐蘭寺)에 그려진 삼천궁녀의 자살 장면은 무엇일까? 물론 화가의 상상력으로 멋대로 그려낸 것이다. 그것도 아주 가까운 과거에. 삼천궁녀가 낙화암에서 떨어져 죽었다는 허황된 이야기가 영화나 드라마로 만들어진 다음에 그려졌을 테니, 기껏해야 몇십 년도 되지 않았을 수밖에 없다.

사실 상식적으로만 따져 보아도 삼천궁녀가 낙화암에서 한꺼번에

고란사 삼천궁녀

자살했다는 이야기가 얼마나 황당한 이야기인지는 쉽게 알 수 있다. 사례를 하나만 들어보자. 독자들 중에 사람이 몰리는 휴일, 놀이공원에 놀러가 보지 않은 사람은 거의 없을 것이다. 이 때 몰려든 인파 때문에 몇 시간씩이나 줄을 서서 기다리다가 겨우 놀이기구를 몇 개 타보지도 못해 짜증이 난 경험이 한두 번은 있게 마련이다. 그럴 때 몰려든 사람들이 몇 명이나 될까? 끊임없이 사람을 태워주는 놀이기구라도 수백 명이 몰려드는 사람을 감당하지 못해 엄청난 짜증을 유발하는 경우가 많다.

낙화암에 가본 사람들이라면 잘 알겠지만, 그곳에 한번에 서 있을 수 있는 사람은 몇 명 되지 않는다. 여기서 삼천 명이 한꺼번에 자살하려면 뒷줄에 선 궁녀들은 하루 종일 기다려도 차례가 올지 의심스럽다. 당시 신라와 당나라 병사들이 몰려들어 몸을 더럽힐까봐 자살했다고 알려진 사실을 생각해보면 이렇게 급박한 상황에 줄서서 기다릴 여유가 있었을까?

　게다가 삼천 명의 궁녀들이 여기로 한꺼번에 몰려들었으면 매우 혼잡스러웠을 것이다. 질서 있게 떨어지는 공수부대 낙하도 아닐 테니, 마음 약한 궁녀 몇 명이 울고 불며 머뭇거리기라도 하면 뒷사람들은 그 시간 동안 어떻게 기다렸을까? 이들이 여기서 다 자살하려면 누군가가 질서를 잡아주어야 한다.

　마지막 가는 길에 죽는 방법까지 힘든 길을 택했을까? 웃음밖에 나오지 않는 이야기라는 점은 쉽게 깨달을 수 있을 것이다. 의자왕의 대명사인 것처럼 따라다니는 삼천궁녀의 전설부터 이런 식으로 잘못 알려져 있다.

　말이 나온 김에 어떻게 해서 의자왕이 삼천 명이나 되는 궁녀를 거느리고 있었다는 말이 나오게 되었는지 밝힌 내용을 살펴보자.

　낙화암이라는 이름은 이미 고려시대부터 사용되고 있었지만, 삼천궁녀에 대한 내용은 고려시대 기록에서 찾아볼 수 없다. '삼천'이라는 숫자가 들어간 첫 기록은 조선시대인 15세기 후기에 김흔(金訢)이 낙화암에 대하여 쓴 시에 나타난다. '삼천궁녀들이 모래에 몸을 맡기니' 라는 표현이 그것이다. 이어 16세기 초에 민재인(閔齋仁)도 「백마강부(白馬江賦)」에서 '구름같은 삼천궁녀 바라보고' 라는 표현을 썼다. 즉 낙화암과 관련시켜 삼천궁녀라는 표현을 쓰고 있는 사례는 조선

시대에 들어와서야 비로소 눈에 띄며, 그것도 시적(詩的)인 문장 속에서 나타나고 있다.¹

굳이 '삼천(三千)'이라는 숫자를 사용한 이유도 이렇게 설명한다. 중국 문학작품에서는 많다는 의미의 극적인 표현을 위하여 삼천이라는 숫자를 흔히 썼다는 것이다. 이태백과 백거이의 시를 사례로 들며, 시에 관한 한 중국의 영향을 받은 우리 조상들이 이 표현을 즐겨 썼다는 근거로 성호 이익의 시를 보여주기도 했다.

즉 우리가 오늘날 일반적으로 사용하고 있는 '삼천궁녀'라는 말은 문학적인 표현에서 시작된 것이지, 실제적인 숫자이거나 사실 자체를 밝히기 위해 나오게 된 것이 아니다. 단지 슬픈 역사적 사실을 김흔이나 민제인 같은 조선시대 문인들이 시의 소재로 삼으면서 '삼천'이라는 중국 문학적인 표현방법을 동원하여 극적인 효과를 꾀했을 뿐이라는 얘기다.

그럼에도 불구하고 아직도 의자왕이 삼천궁녀와 방탕하게 살았다고 믿는 사람들이 훨씬 더 많은 것 같다. 역사라는 것이 사람들의 편견 때문에 얼마나 얼룩져버릴 수 있는지 보여주는 사례다. 다른 내용들이라고 별 수 있을까? 이제부터 하나하나 살펴보자.

---

1 의자왕과 백제부흥운동 엿보기, 양종국, 서경문화사, 2008

의자왕을 모욕하는 그 밖의 전설들

의자왕의 잘못된 이미지를 만든 대표적인 삼천궁녀의 전설을 거의 답습하다시피 한 것이 이른바 '희녀대 전설'이다. 이 전설의 내용은 대략 이렇다.

백제는 잘 사는 나라로 알려졌으며, 여인들도 예뻐서 늘 이웃나라의 부러움과 시기를 샀다. 그리하여 의자왕은 전쟁에 대항하기 위해 많은 세금을 거두면서 남자들은 전쟁터로 보냈고, 아름다운 처녀들은 희녀대로 데려왔다. 백성들의 불만이 커져갔지만 개의치 않았다.

이러한 때 당나라가 신라 편을 들면서 백제는 소외되고, 수시로 벌어진 싸움에서도 피해만 커지자 자포자기한 의자왕은 방탕해지기 시작했다. 매일 희녀대를 찾아 술을 마시며 욕정만 채우니 나라의 기강은 걷잡을 수 없이 무너졌다.

결국 의자왕이 희녀대에서 시간을 보낼 때 나당연합군이 공격해와 백제는 망했고, 희녀대의 여인들도 침략자에게 희생되어야 했다. 백성들은 나라 잃은 슬픔을 다음과 같이 노래했다 한다.

'백제가 망했나 나도 몰랐네. 마을 총각 칼들고 나가 어데로 갔나. 동네 색시 바람났네. 희녀대 갔나.'

낙화암

백제 멸망 후 폐가가 되어 버린 희녀대에서는 오랜 세월 동안 밤이 되면 아가씨들의 웃음소리가 나다가 밤이 깊어감에 따라 울음소리로 바뀌었다고 하여 통일신라 때는 흉가로 불렸다고도 전한다.

이것이 삼천궁녀 전설과 통하는 이야기라며 의자왕이 말년 실정(失政)을 거듭한 끝에 패망한 역사와 관련되어 있다고 해석하는 경우도 있다. 하지만 이 희녀대 전설 역시 사실이라고 믿기에는 의아스러운 점이 한둘이 아니다.

'희녀대'라는 이름 자체가 와전되었을 것이라는 설도 있다. 이 이야기가 전해져 내려오는 충남 부여군 부여읍 현북리에는 '희어대(戱御臺)'라는 명칭이 일반적으로 사용되었다고 전해진다. 이를 휘어대(揮御臺)의 와전으로 해석하여 이 지역이 백제시대 군사훈련장소로 활용되었다는 내용이 구전되었다고 보기도 한다.

또 가까이에 백제시대 절인 '임강사'의 터가 있다. 희녀대로 상징되는 쾌락적 기능과 이 지역이 잘 맞지 않는다. 오히려 종교적으로나 군사적으로 좀 더 중요한 역할을 하지 않았을까 하는 추측이 가능하다는 것이다.

이런저런 정황을 감안해보면 이 전설은 누군가 여러 이야기들을 후세에 뒤섞어 만들어냈을 가능성이 크다. 일단 스토리 자체가 삼천궁녀 전설의 복사판이라 할 정도로 비슷하다. 삼천궁녀 전설 자체가 훨씬 후대에 만들어진 것이니, 희녀대 전설 역시 비슷한 왜곡이 퍼진 이후에야 만들어졌을 가능성이 크다는 뜻이다.

이 밖에도 의자왕을 모욕하는 전설은 많다. 부여 규암면에 있는 '천정대(天政臺)와 임금바위 신하바위' 전설도 의자왕의 실정을 구체적으로 보여준다고 한다. 내용인즉 이렇다.

천정대는 임금이 정승 될 신하의 이름을 적어 넣으면 도장이 찍혀 나오는 곳이라고 전해진다. 그런데 의자왕이 정승을 정할 때, 홍수와 성충이 직간(直諫)을 하자 다른 사람의 이름을 적어 넣었다. 그랬더니 도장이 찍혀 나오지 않았다. 그럼에도 의자왕은 그 뜻을 헤아리지 못하고 흥수와 성충을 유폐시켜 나라가 망했다는 이야기다.

일천면에 구전되고 있다는 '성흥산성과 일곱 왕자' 이야기도 의자왕을 비판적으로 바라본다. 이 이야기의 내용도, 성흥산성에서 일곱 왕자와 항전하던 윤충이 사비성에 왔다가 모함을 받아 죽었다는 줄거리로 이루어져 있다.

은산면에 전해져 내려오는 '삼괴정의 세 장수' 이야기도 맥락이 같다. 윤충이 세 장수와 함께 왕에게 충간 끝에 옥에 갇혔다가 탈옥하여 은산에 은거하며 국난에 대비한다. 그러나 윤충은 흑치상지(黑齒常之)의 배신으로 죽고 장수들은 왕자의 권력 다툼으로 패하고 말았다는 줄거리다.

결론부터 내리면 이 전설들 역시 역사적 사실을 반영한다고 보기는 어렵다. 윤충의 이야기는 구성 자체에 의문이 많다. 성흥산성에서 윤충과 일곱 왕자가 항전하고 있었다면 당연히 사비성이 함락당한 이후의 일이다. 윤충이 사비성에 들어가 모함당할 일이 없다.

임금이 정승 될 신하의 이름을 적어 넣으면 도장이 찍혀 나오는 곳이 있다는 설화도 자체로는 황당한 이야기일 뿐이다. 황당한 이야기를 바탕으로 의자왕을 폭군으로 몰아가는 점을 보아서는 이 역시 후세의 누군가가 알려진 사실들을 이리저리 끼워 맞추어 만들어냈을 가능성이 크다.

편견으로 왜곡된 전설

그럼에도 불구하고 설화와 전설들을 해석하는 상당수 전문가들이 여기서 전하는 메시지를 전혀 문제로 보지 않는다. 이런 점이 진짜 문제일 수도 있겠다. 그 이유는 간단하다. 백제 유민들에게는 윤충 같은 장수들이 백제의 국난을 위해 싸우려다, 의자왕의 어리석음 때문에 죽는다는 것이 요점이기 때문이다.

그래서 장수들이 지도자들의 권력다툼과 동료들의 배신으로 패한 것이 안타깝다는 울분을 설화를 통해 달래고 있다고 소개된다. 이와 같은 사정을 보면 의자왕과 관련된 이런 전설들은 나라가 망한 모든 책임을 군주(君主)에게 떠넘기는 분위기 앞에서 역사의 진실이 묻힐 수밖에 없다는 사례가 될 수 있다.

그럼에도 불구하고 이런 식의 설화가 전해지는 원인은 무엇일까? 이를 뒤집어 보면 오히려 이해하기가 쉽다. 설화는 역사적 사실을 반영한다기보다, 이야기 자체를 지어냈을 가능성이 큰 것이다. 이 전설들을 백제유민이 남겼다고 소개했던 글에서도 등장인물이 활약한 시간이나 관계 등이 엉터리라는 점은 인정하고 있다. 백제 유민들이 남긴 이야기라면 자신들이 뻔히 알고 있는 인물들의 상황을 이렇게까지 뒤섞어 놓았을 리가 없다.

어떻게 된 현상인지 짐작하기 어렵지 않다. 백제에 대해 잘 알지 못하는 후세 사람들이 알고 있는 사실들을 이리저리 맞추어 이야기를 만들어낸 것이다. 그런데도 학자들이 앞장서서 백제 유민의 인식을 반영하고 있다고 이 설화와 전설들을 소개하고 있다. 의자왕이 이를 알게 되면 무덤에서 뛰쳐나오고 싶은 심정이 될 것이다.

작가와 연출자가 명확하게 표시되는 현대 드라마에서도, 역사적 사실을 무시하고 제멋대로 황당한 이야기를 만들어내는 경향이 뚜렷하다. 그럼에도 불구하고 누가 만들었는지도 모를 설화를 접할 때 당시의 역사적 사실을 충실하게 반영할 것이라는 기대를 너무 쉽게 하는 것 같다.

심지어《삼국유사》같이 인정받는 역사적 기록에 정리된 설화에서도 이런 성향이 나타난다. 일단《삼국유사》에 소개된 이야기들을 보자.

> 또 호암사에는 정사암이란 바위가 있다. 이는 조정에서 재상의 후보들을 천거하여 장차 뽑힐 사람 3,4명의 이름을 적어 상자에 넣어 봉하여 바위 위에 올려 두었다가 얼마 후 그 상자를 열어 이름 위에 도장이 찍힌 사람을 재상으로 삼았으므로 정사암이라 했다.
> 사비수 언덕에는 또 돌 하나가 있는데 10여명이 앉을 만했다. 백제왕이 왕흥사에 가서 부처께 예를 드리려 할 때에는 먼저 그 돌 위에서 부처를 향해 절을 하니 그 돌이 저절로 따뜻해졌다하여 그 돌을 돌석[지금의 자온대(自溫臺)]이라고 한다.
> 또 사비하의 양쪽 언덕은 흡사 그림 병풍 같았으므로 백제

낙화암에서 내려다 본 금강

왕이 늘 그 곳에서 잔치를 열어 노래하고 춤추면서 즐겼다. 그런 까닭에 이 곳을 지금도 대왕포라고 한다.

정사암은 바로 천정대 전설의 모태로 보인다. 여기에 이야기를 덧붙여 천정대 전설을 만들어낸 흔적이 뚜렷하다는 얘기다.

자온대 전설에도 첨가된 이야기가 있다. 단순하게 부처의 신묘한 능력에 관한 이야기가 의자왕의 놀이터였다는 전설로도 바뀌어 전해진다. 《삼국유사》의 돌석 설화가 '간신배들이 미리 불을 피워 바위를 따뜻하게 한 뒤, 의자왕이 오면 불씨를 치웠기 때문에 이 사실을 모르는 왕이 바위 이름을 자온대라 지었다'는 설화로 바뀌어 전해지는 것이다.

이 전설은 의자왕에 대한 부정적인 인식이 만연했던 후대에 파생되어 나왔다는 인상을 강하게 주기 때문에 여기에 흥미 이상의 역사적 의미를 부여하기 어렵다는 해석이다. 아울러 무왕이나 의자왕과 연결시켜 이해하기도 하는 이들 내용이 그대로 역사적 사실일리는 없지만, 백제왕과 관료들의 문화생활 중 많은 부분이 금강과 관련을 맺으며 이루어졌기에 이러한 전설이 출현했다고 보기도 한다.

병 주고 약 주는 전설

많은 전설들이 이와 같이 의자왕을 폭군으로 몰아가고 있지만, 간혹 동정적인 설화도 있다. '산유화가' 라는 노래와 연관된 전설이다. 전설의 내용은 대략 이렇다.

막상 백제가 망하고 의자왕을 비롯한 관료와 백성들이 당으로 잡혀간다고 하니, 백성들이 의기투합하여 모였다. 양화면의 원당산(怨唐山), 사당산(射唐山)이라고 불리는 곳이다. 이름 그대로 '당을 원망한다' 또는 '당을 향해 화살을 쏜다' 는 의미다. 여기서 유래된 민요가 '산유화가' 라고 한다.

물론 '산유화가' 라는 민요가 그리 간단하지는 않다. 우선 이름은 같은 '산유화가' 지만 가사가 다른 4가지 정도의 민요가 전해진다. 모두 노동요라는 공통점이 있고, 백제의 멸망과 관련된 삶의 무상함이나 나당연합군과의 싸움을 연상시키는 호전적인 의지를 보이고 있다는 평가를 받는다.

그렇지만 백제가 멸망할 당시 백제 사람들의 인식이 담겨 있다고 말하기에는 곤란한 측면도 있다. 우선 '산유화가' 가 백제 사람들이 불렀던 민요였는지, 이후에 지어졌는지에 대해서부터 논란이 있는 것이다. 또 백제 사람들이 불렀던 민요 하더라도 백제의 전통적 가요였는지, 백제가 망하고 난 이후에 만들어진 백제 유민들의 노래였는지도 가려지지 않았다.

주목할 만한 점도 있다. '산유화가' 의 내용 대부분이 고려나 조선시대, 그리고 현대처럼 의자왕에 대한 비판적 내용이 아니라는 사실이다. 멸망 당시 백제의 상황이 당사자인 백제 사람들이 느끼기에 그렇게까지 부정적이지 않았음을 시사한다는 해석이 가능한 것이다. 그래서 백제가 내부적으로 특별한 문제없이 번영을 누리다가, 외부의 군사적 침공 앞에 갑자기 망해버렸기 때문에 백제유민들이 더 깊은 무상감을 느끼게 되었다고 해석하는 경우도 있다.

'맹꽹이 방죽' 설화도 비슷한 맥락으로 소개된다. 이름난 점쟁이 이민광이 당나라 장군 소정방의 위협에 못 이겨 계룡산 치마바위 아래에 숨어 있는 의자왕이 있는 곳을 가르쳐 주었다고 한다. 그 뒤 이민광이 뱀에게 물려죽었다는 설화이다.

이 설화들을 보면 앞의 것들과는 태도가 다르다. 앞의 설화들이 나라를 망친 군주에 대한 비판이 주요 테마였다면, 이 설화들은 백제를 멸망시킨 당에 대한 적개심을 나타내고 있다. 더 나아가 당에 협조한 자를 천벌 받을 배신자로 지목하고 있기까지 하다.

백제의 멸망에 대해 사람들이 어떤 인식을 가지고 있었는지 헛갈리게 만드는 이야기들이다. 이런 혼선이 극단적으로 뒤섞여 나타나는 설화도 있다. 바로 '조룡대 전설'이다. 기본 줄거리는 당나라 장수 소정방이 당군을 이끌고 조룡대에 이르자, 더 이상 배가 나아가지 않아 진격을 할 수 없었다는 데에서 출발한다. 원인은 강에 사는 용이 당나라 군대의 진격을 방해했기 때문이다. 이 사태에 직면한 소정방은 백마를 이용해 용을 낚아 죽이고, 진격을 계속하여 백제를 멸망시켰다는 이야기이다.

그런데 이 설화는 내용이 조금씩 다른 이야기로 갈라진다. 용의 주인공이 각 전설마다 달라지는 것이다. 의자왕이나 간신 구가로 설정되는 경우가 있고, 무왕이나 천일장군으로 설정되는 경우도 있다. 용의 화신이 의자왕이나 간신 구가일 경우에는 용의 시신이 썩으며 구린내를 풍긴다는 식으로 서술한 반면 무왕이나 천일장군으로 설정된 경우에는 강조되는 점이 다르다. 무왕의 경우 밤에 도사로 변신하여 소정방을 괴롭혔다고 하며, 천일장군의 경우에는 그 배필인 암룡을 잡기 위해 강에 소금과 독약을 넣었다는 식으로 이야기가 소개된다.

주인공이 달라지면서 설화의 내용이 달라지는 이유는 쉽게 짐작할 수 있다. 의자왕이나 간신 구가가 주인공인 경우 구린내가 났다는 표현에서 짐작할 수 있듯이, 백제가 망한 것은 아쉬운 일이지만 그들을 용서할 수 없다는 의미로 해석할 수 있겠다. 반면 무왕이나 천일장군이 주인공인 경우에는 그냥 최선을 다했지만 망한 것이 아쉽다는 메시지 정도로 해석할 수 있다.

그래서 이러한 설화들을 국가에 대한 부여지역 백제인들의 집단의식을 보여준다고 소개하기도 한다. 특히 '맹꽹이 방죽' 설화는 나라를 망친 장본인에 대한 밀고라도 배신자는 용서할 수 없다는 백제 유민들의 의식이 드러난 것이라고 소개된다. 그렇지만 이러한 해석에는 조심해야 할 측면이 있다. 이 설화들이 백제가 멸망할 당시 살았던 백제 사람들의 의식을 반영하고 있다고 보는 점이다. 그것도 전문가들이 이런 전설과 설화들을 백제 유민들이 남긴 것이라고 말하는 경우가 많다. 그런데 과연 그렇게 쉽게 확신할 수 있을까?

우선 '맹꽹이 방죽' 설화의 경우를 보자. 왕의 피신이 어린아이들 숨바꼭질은 아니다. 아무리 갈 데가 없었기로서니 의자왕이 계룡산 바위 아래에 숨어 있었을 리는 없다. 실제 기록에도 의자왕은 지금의 공주인 웅진성으로 피신해 있다가 그곳에서 잡혀 나왔다는 점이 확인되었다. 즉 '맹꽹이 방죽' 설화 역시 있지도 않았던 일을 지어낸 이야기라는 얘기가 된다. 따라서 이 역시 의자왕의 사정에 관심 없는 후대 사람들이 나중에 만들어냈을 가능성이 크다.

편견의 뿌리

전해져 내려오는 설화와 전설 대부분이, 백제 멸망의 원인을 의자왕의 타락 때문으로 몰아가고 있다. 사실이니까 그렇다고 생각하기 쉽지만, 여기서 많은 사람들이 의식하지 못하는 요인이 있다. 이런 식으로 생각하는 태도의 전통을 따져 보면 뿌리가 제법 깊다는 점이다.

사실 유교가 영향을 준 문화권에서는 많은 사람들이 이러한 태도를 가지는 게 당연할 수 있다. 유교적인 역사의식에 길들여진 사람들은 나라가 망한 원인을 1차적으로 지배층의 도덕적 타락에 있다고 생각한다. 그리고 그러한 도덕적 타락의 징조가 나타난다고 여긴다.

전근대 역사를 기록했던 사관(史官)들은 이러한 성향이 특히 강했다. 그래서 이런 성향을 가진 사관들이 남겨 놓은 기록을 보는 많은 사람들이 자기도 모르는 사이에 사관들의 생각을 따라가게 된다. 왜 이런 사태가 생겨난 것일까?

알고 보면 이런 사고방식의 뿌리는 유교의 창시자인 공자에게로 거슬러 올라간다. 얼핏 유학자들은 기이한 현상을 믿지 않는다고 알고 있기 쉬우나, 유교에 길들여진 사람의 의식 속에는 통치자가 도덕적으로 타락하면 하늘이 그 징조를 보여준다는 사고방식이 자리잡고 있다. 공자가 논어에서부터 강조했던 내용인 것이다.

문제는 이런 사고방식이 편견으로 작용할 수도 있다는 점이다. 유학자들은, 그 창시자라고 할 수 있는 공자부터 '도덕성'을 지상과제로 삼는 성향이 있다. 세상사를 파악하는 것도 기본적으로는 이 맥락에서다. 즉 세상이 잘못되는 이유는 도덕이 땅에 떨어졌기 때문이고, 바로 잡히려면 도덕이 바로 서야 한다는 것이 기본논리이다.

역사적 사실을 평가하는 데에도 이 성향은 예외 없이 작용한다. 나라가 잘되면 그 공은 도덕적으로 훌륭한 지배층이 있었기 때문이라고 평가한다. 반면 잘못되면 지배층이 도덕적으로 타락했기 때문이라고 보게 된다. 나라가 망했을 경우에는 후자의 경향이 특히 심하게 나타날 수밖에 없다. 사실 도덕지상주의의 관점에서 보자면, 그 지배층이 별로 잘못한 게 없는데도 나라가 망했다고 하기는 곤란할 것이다.

문제는 모든 일을 이런 식으로 해석하다 보면 잘못하지도 않은 부분까지도 색안경을 끼고 보게 된다는 것이다. 백제의 경우에도 마찬가지다. 어떻게든 지배층의 잘못을 지적해야 하고, 그 중에서도 도덕적 타락은 빠질 수 없다. '할 수 있는 건 다 해봤지만 힘에 밀려서 어쩔 수 없이 망했다'는 식의 논리는 만사를 사필귀정(事必歸正)이라는 식으로 해석하려는 사람들에게 달가운 것이 아니다. 그러다 보면 없는 잘못이라도 만드려고 한다. 그렇기 때문에 '잘되면 충신이요 못되면 역적'이라는 속담이 생겼을지도 모른다.

황음에 빠졌느니, 충신의 말을 듣지 않았느니 하는 식의 비난은 타락한 군주를 비난할 때 유학자들이 흔히 하는 말이다. 《삼국사기》는 잘 알려져 있듯이 이른바 '유교적 합리주의 사관(儒敎的合理主義史觀)'에 입각하여 쓰여졌다. 이런 성향 때문에 《삼국사기》에는 후손들을 헛갈리게 만드는 내용이 들어갔던 것이다.

  그리고 보면 애초부터 의자왕의 이미지를 망가뜨리는 데 결정적인 역할을 한 것이 《삼국사기》에 나타나는 백제 멸망의 징조들이다. 내용이 제법 된다.

> 여러 마리의 여우가 궁궐 안으로 들어왔는데 흰 여우 한 마리가 상좌평(上佐平)의 책상 위에 앉았다.
> 태자궁의 암탉이 참새와 교미했다.
> 서울[王都] 서남쪽의 사비하(泗沘河)에 큰 물고기가 나와 죽었는데 길이가 세 장(丈)이었다.
> 여자의 시체가 생초진(生草津)에 떠올랐는데 길이가 18자이었다.
> 궁중의 홰나무가 울었는데 사람이 곡하는 소리 같았다. 밤에는 귀신이 궁궐 남쪽 길에서 울었다.
> 서울의 우물물이 핏빛이 되었다.
> 서해 바닷가에서 조그마한 물고기들이 나와 죽었는데 백성들이 다 먹을 수가 없었다. 사비하(泗沘河)의 물의 붉기가 핏빛과 같았다.
> 두꺼비와 개구리 수만 마리가 나무 위에 모였다.
> 서울의 저자거리 사람들이 까닭없이 놀라 달아났는데 마치 붙잡으려는 사람이 있는 것처럼 하여 넘어져 죽은 자가 100

여 명이나 되었고 재물을 잃은 것은 헤아릴 수 없었다.

바람과 비가 갑자기 불어닥쳤고 천왕사(天王寺)와 도양사(道讓寺) 두 절의 탑에 벼락이 쳤으며, 또 백석사(白石寺) 강당에도 벼락이 쳤다.

검은 구름이 용과 같이 공중에서 동과 서로 [나뉘어] 서로 싸웠다.

왕흥사(王興寺)의 여러 승려들 모두가 배의 돛과 같은 것이 큰 물을 따라 절 문으로 들어오는 것을 보았다.

야생의 사슴과 같은 모양의 개 한 마리가 서쪽으로부터 사비하(泗沘河)의 언덕에 이르러 왕궁을 향하여 짖더니 잠깐 사이에 간 곳을 알 수 없었다.

서울의 여러 개들이 길가에 모여 혹은 짖고 혹은 울고 하다가 얼마 후에 곧 흩어졌다.

귀신 하나가 궁궐 안으로 들어와 "백제가 망한다. 백제가 망한다."고 크게 외치고는 곧 땅으로 들어갔다. 왕이 괴이히 여겨 사람을 시켜 땅을 파보게 했더니 세 자[尺] 가량의 깊이에서 한 마리의 거북이 있었다. 그 등에 글이 씌어 있었는데 "백제는 둥근 달[月輪]과 같고 신라는 초생달[月新]과 같다."라고 하였다. 왕이 이를 물으니 무당[巫]이 말하였다.

"둥근달과 같다는 것은 가득 찼다는 것입니다. 가득 차면 기울 것입니다. 초생달과 같다는 것은 아직 차지 않은 것입니다. 차지 않으면 점점 가득 차게 될 것입니다."

왕이 노하여 그를 죽였다. 어느 사람이 말하였다.

"둥근달과 같다는 것은 왕성하다는 것이요, 초생달과 같다는 것은 미약하다는 것입니다. 생각컨대 우리 나라는 왕성하게 되고 신라는 점차 미약해진다는 뜻일까 합니다."

왕이 기뻐하였다.

백제가 망하기 전에 이러한 징조가 나타났다는 이야기를 보면, 대부분의 사람들이 망할 만한 일을 하고 있었으며 이런 징조가 있었는데도 정신을 못 차렸으니 망할 수밖에 없었다고 생각하기 쉽다. 특히 마지막 거북이 등에 새겨진 글을 해석하는 사건은, 의자왕이 자신이 듣고 싶은 말만 들었다고 여기게 만드는 내용이다.

꿈보다 해몽

이 이야기들을 잘 살펴보면 설화인지 역사인지 구분하기 어렵다는 사실을 알 수 있다. 그럼에도 불구하고 많은 사람들이 정사(正史)에 기록되어 있다는 사실만으로도 실제로 일어났던 일이라고 생각하게 된다. 이러한 사태를 부추기는 것이 일부 고대사 전문가들의 해설이다.

위에서 제시한 불길한 징조들에 대한 해석 하나를 보자.

이런 해석들은 '이러한 징후들은 왕조 말기에 흔히 나타나는 것으로서 그대로 믿을 수는 없다'고 하면서도 '그렇지만 후일 실제로 일어난 상황과 연결시켜 보면 그 징후들 속에는 무언가 예언적인 조짐이 들어 있었다'고 한다. 어떤 예언적인 조짐이 들어 있었을까?

먼저 '여우들이 궁궐 안으로 들어와, 그 중 흰여우 한 마리가 상좌평의 책상에 앉았다'는 전설에 대한 해석이다.

> 흰여우라는 요사스러운 짐승이 감히 귀족회의 의장인 상좌평의 집무실 책상에 앉았다는 것은 그가 국정을 문란하게 한 책임자였음을 시사해주는 대목이라 할 수 있다. 아마도 그는 왕비의 총애를 믿고 정치를 좌지우지하지 않았을까 한다.[2]

대부분의 사람들이 이러한 해석을 두고 그럴듯하다고 생각하는 것 같다. 하긴 사람들의 사고방식이 천년 단위의 세월이 흐르는 동안 이렇게 굳어져왔으니 이상할 것도 없을지 모른다. 하지만 합리성을 중시하는 현대적인 사고방식으로 다시 한번 보자.

실제로 흰 여우가 백제 상좌평의 집무실 책상에 앉아 국정의 난맥

---

[2] 백제부흥운동 이야기, 노중국, 주류성, 2005

을 지적했다고 믿는다면 이건 거의 샤머니즘적 신앙 차원의 이야기이다. 정말 액면 그대로 이 이야기가 역사적 사실이라고 믿는다면, 뒤에 귀신이 나왔다는 이야기까지 믿어야 할 것이다. 그렇게 되면 '귀신이 실제로 있느니 없느니' 하는 논쟁으로 가야 할 테니 역사를 다루자는 이 책에서는 일단 논외다.

그렇다면 이런 이야기들이 당시 백제의 사정을 반영하고 있었다고 믿는 전제는 하나밖에 남지 않는다. 당시 백제 사람들이 문란한 정치 상황을 이렇게 상징적인 이야기들로 만들어 남겼다는 가설이다.

나머지 이야기들을 비슷하게 해석하는 것도 같은 맥락이다. 암탉이 참새와 교미하는 해괴한 일이 태자궁에서 일어났던 사건을 '태자 효가 정치적 혼란의 주범이라는 것을 암시한다'고 해석했다. 궁궐 안에서 나무가 울고 궁궐 밖에서 귀신이 울었다는 사건은 언젠가 궁궐 안팎이 울음바다가 되는 것을 시사하는 것으로 설명했다.

그런데 좀 이상하지 않은가? 이 역시 실제로 암탉이 참새와 교미했는지, 사비성 밖에서 귀신이 울었는지는 본 사람이 없을 테니 따지나마나일 것이다. 그렇지만 당시 백제 사람들이 이렇게 절묘한 이야기를 지어냈을까? 또 실제로 그렇다한들 백제 사관들이 이런 이야기들을 자기 나라의 역사에 남겨놓았을까? 한두 개라면 모르겠지만, 그렇게 보기에는 이야기의 숫자가 너무나 많고 의자왕 마지막 2년에 집중되어 있다. 이것이 무엇을 의미할까?

결론을 짓기 전에 나머지 사건들도 살펴보자. 사비하(泗沘河)에 큰 물고기가 나와 죽었고, 서해 바닷가에서도 조그마한 물고기들이 나와 수없이 죽었다고 한다. 그리고 강물이나 우물물이 핏빛이 되었다. 이를 나당연합군의 공격으로 많은 사람들이 죽고 피를 흘릴 것을 예견한 징후라고 해석한다. 가만히 보면 지금도 물고기가 떼죽음하는 사건은 그렇게 드문 일이 아니다. 물의 색깔이 변하는 것도 마찬가지다. 그런데 이런 일까지 백제 사람들이 일일이 상징적인 이야기를 만들어 남겼을까?

여기서 오히려 결정적인 단서가 잡힌다. 이 사건이 '나당연합군의 공격으로 많은 사람들이 죽고 피를 흘릴 것을 예견한 징후'였다면 백제 사람들은 예지력을 갖춘 초능력자라는 말이 된다. 정말 그렇게 믿어지는가?

'왕도 저자거리 사람들이 까닭 없이 놀라 달아났는데 마치 붙잡으려는 사람이 있는 것처럼 하여 넘어져 죽은 자가 백여 명이나 되었고 재물을 잃은 것은 헤아릴 수 없었던 사건'도 왕도 사비성이 함락된 이후 점령군이 저지른 횡포와 사회의 혼란상을 보여주는 징조였다고 한다. 그렇지만 이 역시 납득하기 어렵다.

이 말대로 하자면 백제 사람들이 미래를 볼 수 있는 능력이 있어서 이런 일이 일어날 것을 미리 알고 일부러 시장통에서 혼란을 일으켜 피해볼 행동을 했거나, 있지도 않았던 일을 가지고 상징적인 사건을 만들어내 기록을 남겼다고 해야 한다. 말하나마나 납득하기 어려운 주장일 뿐이다.

'왕흥사(王興寺)의 여러 승려들 모두가 배의 돛과 같은 것이 큰물을 따라 절 문으로 들어오는 것을 보았다' 는 이야기도 마찬가지다. 이 이야기가 어떻게 당나라 수군이 금강을 거슬러 올라와 사비성에 입성하는 것을 미리 알고 상징적으로 표현했다는 말일까?

어찌 보면 이런 상징을 따질 필요가 있을지 의심스러운 사건도 많다. 여자의 시체가 생초진(生草津)에 떠올랐는데 길이가 18자이었던 사건, 두꺼비와 개구리 수만 마리가 나무 위에 모였던 사건, 바람과 비가 갑자기 불어닥쳤고 천왕사(天王寺)와 도양사(道讓寺) 두 절의 탑과 백석사(白石寺) 강당에도 벼락이 쳤던 사건, 검은 구름이 용과 같이 공중에서 동과 서로 나뉘어 서로 싸웠다는 사건 등이다.

이 사건들도 불길한 징조로 보이겠지만, 벼락이 치거나 용처럼 생긴 구름이 나타나는 것 자체가 괴이한 일은 아니다. 두꺼비와 개구리가 대규모로 발생하는 것도 그렇다. 여자 시체가 18자나 되는 건 이상할지 몰라도, 무슨 과장이나 속사정이 있는지는 모르는 일이다. 이런 사건들은 그저 보고 싶은 대로 보일 수 있다. 야생 사슴 같은 개가 왕궁을 향하여 짖었다느니, 서울[王都]의 여러 개들이 모여 짖다가 흩어졌다느니 하는 사건도 마찬가지다.

이런 해석이 어떻게 나왔는지 생각해보면 답이 보인다. 결과를 알고 있는 후대 사람들이 만들어 낸 이야기라는 것이다. 남은 이야기들도 그렇게 보면 이러한 해석이 어떤 것인지 이해할 수 있을 것 같다. 이렇게 조금 신기하게 보이는 현상들도 모조리 백제 멸망의 징조로 설명했다는 해석도 가능한 것이다. 사실 이런 식의 괴담들이 흔히 그렇듯이, 있지도 않았던 일이 조작되거나 과장되어 전해졌기 십상이다. 이런 이야기들을 두고 백제가 멸망할 것을 예견한 징후 운운하면서 말을 만들어낸 셈이다.

귀에 걸면 귀걸이 코에 걸면 코걸이

상식적으로 이해하기 어려울 만큼 괴이한 일은 지금도 종종 일어나지만, 그렇다고 실제로 나라가 망하는 일은 흔하지 않다. 당시라고 다를 것이 없다. 당장 백제를 멸망시킨 신라만 하더라도 괴이한 일은 많이 기록되어 있다. 이런 일이 일어난다고 나라가 망한다면, 신라는 어떻게 무사했는지에 대해 의문이 생긴다. 의자왕 때 같은 시기의 신라에 일어났던 괴이한 사건의 사례를 들어 보자.

《삼국사기》 진덕여왕 6년의 기록에는 이런 이야기가 나온다.

'3월에 서울에 큰 눈이 왔고 왕궁 남쪽 문이 아무 까닭 없이 저절로 무너졌다.'

또 《삼국사기》 태종무열왕 2년의 기록에도 괴이한 이야기가 있다.

'굴불군(屈弗郡)에서 흰 돼지를 바쳤는데, 머리 하나에 몸이 둘이고 다리가 여덟이었다.'

이뿐만이 아니다.

가을 7월에 일선군(一善郡)에 홍수가 나서, 빠져죽은 사람이 300여 명이었다. 동쪽 토함산의 땅이 불타더니 3년만에 꺼졌다. 흥륜사의 문이 저절로 무너졌다. △△△의 북쪽 바위가 무너지면서 부서져 쌀이 되었는데, 그것을 먹어보니 곳간의 묵은 쌀과 같았다.

이 사건들은 태종무열왕 4년에 일어났던 일이다. 신라에서 일어났던 일이라는 생각을 지워버리고 편견 없이 보면, 이 역시 불길한 징조라고 할 수 있다. 예를 들어 '흥륜사의 문이 저절로 무너졌던' 사건은 신라가 외부의 침공이 아니라, 스스로 무너져버릴 징조라고 한다면 어떨까?

300년 즈음 지난 후의 일이기는 하지만, 나중에 실제로 신라가 망했던 상황과 맞추어 보면 맞는 이야기일 수도 있다. '머리 하나에 몸이 둘이고 다리가 여덟' 인 흰 돼지의 경우는 이 돼지가 나타난 시점에서는 불길한 징조로 볼 수도 있고, 상서로운 징조로 볼 수도 있다. 하지만 지금까지 누구도 이것이 신라가 망할 징조였다고 하는 사람은 나타나지 않았다. 왜 그랬는지는 간단하다. 지금 와서 보면 신라가 적어도 태종무열왕 때 망하지 않았다는 사실은 이미 알고 있으니까. 나중에 일어난 결과를 알고 있는 사람들은 너무나 자연스럽게 결과에 맞추어 해석하게 된다.

사건들을 나중에 일어난 일에 끼워 맞추어 불길한 징조로 만들어 놓는 심리를 이용하면 별 것 아닌 일들을 나열해놓고도 예언자 행세까지 할 수 있다.

노스트라다무스가 대표적인 사례로 꼽힌다. 방법은 간단하다. 책 이름을 '예언서'라고 적어서 자기가 겪었던 이런저런 사건들을 아주 상징적이고 은유적인 표현을 써서 적어놓는다. 이렇게만 해놓으면 나중에 일어나는 사건들을 알아서 맞추어 해석해놓고 '예언이 들어맞았다'고 하는 사람들이 꼭 나온다. 사건이 일어날 시기를 정확하게 밝히지 않는 것은 필수다. 그래놓아야 나중에 예언이 들어맞지 않았다는 추궁을 피할 수 있다. 노스트라다무스만 하더라도 밝혀놓은 시기가 딱 하나였다. 바로 1999년. 이때 세상이 멸망할 것이라고 시사한 내용이 있었다. 그랬다가 이 시간이 지나고 나서도 세상이 멀쩡하자 신뢰를 많이 잃었다.

하물며 이미 일어난 일을 가지고 왜곡을 하는 것이 어려울까? 역사에 관한 기록은 사건이 일어나고 난 이후에 정리되게 마련이다. 정리를 하는 과정에서 몇 마디만 손을 대면 마치 사건이 일어나기 전부터 명백한 징조를 보이고 있었던 것처럼 보일 수 있다. 어떻게 보면 의자왕이 백제가 쇠퇴한다고 한 무당을 죽인 것도 그렇게 잘못된 일로만 몰아야 할지 생각해볼 여지가 있다.

유언비어 중에는 '자기 실현형 유언비어'라는 것이 있다. 자체로는 허무맹랑한 헛소문이라도 많은 사람들이 사실이라고 믿으면 진짜로 실현되어버리는 유언비어다. 예를 들어 실제로는 무난하게 공급되는 상품을 두고, '공급이 달려 구하기도 어렵고 값도 곧 오를 것이다'라는 헛소문이 나는 경우이다. 이 헛소문을 듣고 사람들이 몰려들어 사재기를 하게 되면 진짜로 파동이 일어날 수 있다. 기업 같은 곳도 마찬가지다. 멀쩡하게 잘 돌아가는 기업이라도 '곧 망할 것이다'라고 헛소문이 나면 너도나도 돈을 회수하고 거래가 끊어버려서 정말로 망하는 경우가 생긴다.

의자왕 때에는 지금처럼 언론이나 인터넷 같은 것을 통해 사실을 검증해 보일 수 있는 시대도 아니다. 이런 상황에서 백제가 망할 것이라는 말을 입에 담는 무당을 무리 없이 처리할 수단이 많지 않다. 형벌만 하더라도, 지금처럼 사안별로 세밀하게 구분해서 처벌하는 시대도 아니었다. 소문이 퍼지는 걸 근원적으로 막기 위해서는 불길한 소리를 하는 당사자를 죽여버리는 선택을 해야 한다. 이런 사정을 무시하고 마치 의자왕이 '아부하는 자'만 좋아했다는 식으로 몰아가는 것도 편협한 시각이다.

백제 멸망 같은 사건을 앞두고 일어난 현상들에 대해서 아직도 이런 식의 왜곡이 용납되어야 하는지 이해가 가지 않을 일이다. 이 경우에도 '이러한 징후들이 왕조 말기에 흔히 나타나는 것으로서 그대로 믿을 수는 없다'고 전제를 해놓았다. 그랬으면서도 막상 해석을 할 때는 옛날 해석을 그대로 따랐다.

반전의 가능성을 보여주는 설화

의자왕에 대해서는 대부분의 설화와 전설이 그를 부정적으로 전하고 있지만 완전히 다른 정서를 보여주는 설화와 해석이 있다. 백제의 무사들이 모여 포로로 잡혀가는 의자왕과 왕자들을 구하기로 모의하고 숨어 있다가 지나가는 당나라 군대에게 활을 쏘며 습격하여 '사당산(射唐山)'이란 이름이 생겼다는 전설이다.

당군에 패배하고 나서도 매년 백제인들은 약속대로 8월 17일 사당산으로 모였다. 마침 추석을 지난 뒤라 여러 가지 음식을 가지고 와서 서로 위로하기도 했다는 내용이다. 이 싸움으로 끌려가던 의자왕이 잠시 멈추게 된 곳이 유왕산(留王山)이라는 이야기도 있다.

한편 양화면 내성리에 있는 망배산(望拜山) 전설은 유왕산에 너무 많은 사람이 몰려 그곳으로 가지 못한 자들이 대신 망배산에 올라가 끌려가는 의자왕을 향해 마지막 절을 올렸기 때문에 망배산이라 부르게 되었다는 줄거리다.

의자왕에 대한 백제 유민들의 정서가 어떠했는지 보여주고 있다는 점에서 이들 전설이 눈길을 끈다고 해석하는 것이다. 하지만 이 역시 경계해야 할 점은 있다. 의자왕에 대한 모략이나 다름없는 전설들도 당대가 아니라 후세에 조작되었을 가능성을 지적한 바 있다. 그렇다면 그 반대의 경우도 있을 수 있지 않을까?

이 지역 정서를 강조할 필요가 생긴 후세의 사람들이 의자왕과 백제멸망을 주제로 또 다른 전설을 창작해냈을 가능성도 배제할 수 없기 때문이다. 그렇기에 의자왕에 대한 그리움을 묘사한 전설이라고 반드시 당대 백제 사람들의 의식을 반영한다고 하는 것 역시 신중하지 못할 수 있다. 그 점을 암시할 수도 있는 것이 다음에 소개된 '유왕산 놀이'다.

> 부여군 양화면 암수리의 유왕산 부근에 '유왕산 놀이'라는 것이 있다고 한다. 660년 나당연합군에게 백제가 정복당하고 의자왕과 태자 륭 및 수많은 대신과 백성들이 당나라로 잡혀갈 때 배가 유왕산 밑을 지나자 백성들이 이곳에서 통곡하며 배웅했다는 것이다. 또 의자왕이 탄 배가 이곳에 머물기를 바래 유왕산(留王山)이라 이름했다고도 한다.
> 《삼국사기》에 의하면 의자왕이 끌려간 날이 음력 9월 3일이지만 이 지역에서는 8월 17일로 전해온다. 이날 그리움에 사무친 이산 가족들이 유왕산에서 만나 떠나간 가족의 소식

을 듣거나 안녕을 빌다 보니 유왕산이 자연스럽게 만남의 장소가 되었다는 것이다.

처음에는 백제 유민이 모임의 주체였겠지만 세월이 흐르면서 혼인한 부녀자들이 평소에 만나지 못하는 친정식구와 친지, 친구를 만나는 상봉의 장소로 변했는데, 근세에 들어와 남자들도 참석하면서 흥겨운 놀이판이 형성되고 심지어 처녀나 과부가 선을 보아 혼인하는 경우도 있었다고 전해온다. 유왕산 놀이와 똑같은 형태의 유래 및 변화양상을 보여주는 놀이가 서천의 남산이나 기산에서도 행해진 것으로 나타난다.

이 내용과 같이 덧붙여진 이야기가 있다. 오래 전승되어 온 향토축제로서의 유왕산 놀이가 6·25전쟁 이후 중단되었다가, 이를 안타까워한 현지에서 1997년부터 '유왕산 추모제'라는 이름으로 복원하여 현재 의자왕 및 백제 유민 진혼제, 유왕산의 비극재현, 상여놀이 공연 등 해마다 각종 행사가 거행되고 있다고 한다. 이는 향토축제가 벌어지는 기원을 의자왕이나 백제멸망과 연결시켜버렸을 가능성도 배제할 수 없다는 얘기가 될 수도 있다. 이래저래 설화와 전설만 가지고는 역사적 인물들에 대한 정확한 평가를 기대하기 어렵다.

칭송일색 계백 설화

의자왕에 대한 설화와 전설이 이렇게 많고 논란거리가 되는 데 비해, 계백에 대한 설화는 많지 않다. 나름대로 시사해주는 점도 있다. 백제라는 나라의 멸망에 있어서 계백의 비중이 그다지 크지 않았다는 뜻이 될 수도 있기 때문이다. 그래도 내용은 칭송 일색이라고 해도 지나친 말이 아니다.

'표뜸과 계백장군'이라는 설화가 그렇다. 내용은 이렇다. 계백은 다섯 살이 될 때까지 호랑이에게서 키워졌다. 어릴 때에는 홍수를 건너 서당에 다녔고, 성장해서는 호랑이의 도움으로 많은 무공을 세웠으며 그가 죽자 호랑이가 석달 사흘을 울었다.

《논산군지》에도 비슷한 전설이 소개되어 있다.

> 부여의 충화에서 태어나 홀어머니 밑에서 자란 계백은 백충(白忠) 천등산(天燈山)을 오르내리며 무술을 연마하며, 밤에는 글을 읽었다. 어머니는 아들의 무술 공부에 큰 과제를 주었으니, "백충제에서 천등산 마루의 과녁을 향하여 활을 쏘고 그 화살보다 빨리 달려가서 화살이 과녁에 꼽히는 것을 확인할 수 있을 때에야 조정에 나아가 벼슬길에 오르라"는 것이었다.
>
> 장군은 어머니의 명을 좇아 매일 같이 궁도를 닦으며 활을

쏜 후면 재빨리 말을 몰아 천등산에 올랐으나 화살보다 빨리 갈 수는 없었다. 고심 중에 하루는 이변이 생겼다. 커다란 호랑이가 나타나 말을 물어죽이고 제 등에 탈 것을 권하였다. 장군은 이 호랑이의 등에 앉아 천등산정을 향해 활을 쏘니 호랑이는 순식간에 달려서 과녁판에 이르렀으며, 화살은 그 후에야 명중되었던 바 이 호랑이가 바로 비호였다고 한다. 백제의 궁성에서 왕이 밤마다 서편 하늘에 매달린 듯 반짝이는 불빛을 보며 이상히 여겨 하루는 신하를 보내어 살펴보도록 명하였다.

명을 받은 신하가 말을 달려 이곳 천등산에 이르러 등불이 반짝이는 곳에 이르렀을 때 놀라운 광경을 발견하였다. 건장하고 잘생긴 장사 한 사람이 커다란 호랑이 한 마리를 데리고 앉아서 열심히 글을 읽고 있는 것이었다. 이 말을 전해 들은 의자왕은 곧 이 장사를 조정에 불러 장군을 삼았다.

설화라는 것이 그렇듯이, 이 내용을 냉정하게 보면 황당한 이야기다. 호랑이가 사람을 키운 것도 모자라 무공 세우는 것을 도와주고, 계백의 죽음을 슬퍼해 울었다는 이야기 자체가 역사적 사실일 리는 없다. 또 말이든 호랑이든, 무엇을 타더라도 화살보다 빨리 달려가려는 시도를 했다는 것 자체만으로는 코미디거리다.

물론 설화는 만화나 동화와 마찬가지로 이야기 자체의 논리성을 따지지 않는다. 계백이라는 사람이 이럴 만큼 뛰어났던 인물이라는 의미를 담았다고 이해하고 넘어가야 할 것이다. 그래서 이 설화를 백제 유민의 입장에서 비록 전쟁에 진 장수이기는 하지만, 근본적으로 신통력을 가진 존재로 파악한다고 소개하기도 한다. 능력이 없어서 전쟁에 진 것이 아니라는 뜻이다. 그래서 백제 유민들의 자존심을 지켜주고 있다. 하지만 이 역시 백제 유민들의 뜻을 담고 있는지는 의심스럽다.

계백이 서당에 다녔다는 점부터 미심쩍다. 서당이라는 것은 과거 시험을 보기 위한 기초적인 글공부를 하기 위하여 다니는 곳이다. 백제 때에도 서당이 있었을까? 서당이라는 곳은 조선시대에 들어와서 생겼다. 그렇다면 이 역시 무엇을 말해줄까? 서당에 다니는 게 일반화된 조선시대 이후 사람들이 멋대로 만들어낸 이야기라는 뜻이 될 수 있다. 물론 '서당'이라는 말이 나왔다는 사실만 가지고 이 이야기가 조선시대 이후에 생겨났다고 확신할 수 있다는 뜻은 아니다.

하지만 그랬을 가능성 자체는 남겨두어야 할 것 같다. 계백에 대한 이야기이니 무조건 백제 유민들이 만들어냈고, 그들의 정서를 담고 있다고 생각하는 것은 위험하다는 정도는 지적해놓아도 무리가 아닐 것이다.

조선시대 사람들 중에서도《삼국사기》나《삼국사절요》등에 나오는 계백의 이야기를 아는 사람이 있었다. 이들 역시 자신들이 알고 있던 내용에서 느끼는 감정이 현대인들과 달랐을 리가 없다. 그러니 계백에 대한 설화도 칭송 위주가 되는 것이 당연하다. 이렇게 만들어진 이야기들을 두고 '백제 사람들의 정서'라고 간주하는 일에는 신중을 기해야 한다.

말이 나온 김에 입에서 입으로 전해져 내려오는 설화들이 실제로 어떻게 정리되는지도 아울러 살펴보자.

설화는 이렇게 만들어질 수도 있다

계백과 황산벌 전투에 대한 설화는 하나 더 있다. 《지석동지》고사(古事)조의 삼충신과 혜오화상(慧悟和尙) 이야기를 살펴보자.

> 천등리(天燈里) 동북 산기슭에 돈대(墩臺)가 있으니 삼충신의 자취가 남아 있는 곳이요 노고산(老姑山) 동남 골짜기에 절이 있으니 범황사(梵皇寺)라 하고 사승(寺僧)에 혜오화상이 있어. 노고산 석굴 속에서 도(道)를 연마하니 성충과 계백과 흥수 등도 또한 참여하여 석굴 속에서 신술(神術)을 배웠다. 하루는 혜오화상이 3공(성충, 계백, 흥수)에게 일러 말하기를 근자에 국왕이 주색(酒色)에 빠져 행동이 난폭하여 국세(國勢)가 위약(危弱)하니 공들께서는 세상에 나아가 벼슬을 하여 왕께 사

리(事理)를 말하여 간하고 임금의 마음을 깨우쳐 알도록 하여 국세를 바로잡아 회복토록 하라. 만약 그렇지 않으면 외환(外患)이 두려울 것이라 하고 재삼 그것을 권하니 삼공이 그 말을 쫓아 장차 출세할 때 각자가 큰 돌을 가져다가 길가에 그것을 고이고 서로 일러 하는 말이, 국가를 도우매 굳게 이 돌과 같이 하고 비록 전쟁을 하는 일이 있더라도 돌과 같이 변치 말자고 소박하고 거짓 없는 마음으로 맹세를 하고 세상에 나아가 조정에 벼슬을 하니 2공은 벼슬이 좌평에 이르고 계백공은 무관으로 벼슬이 달솔에 이르렀다.

그러나 왕은 끝내 계책을 수용하지 않고 도리어 옥중에 가두었다. 그러다가 나당병(羅唐兵)이 이르자 비로소 계백장군을 파견하여 5천인을 인솔케 하고 그들을 막으니 그 중에는 범황사 승장 5인도 있어 비록 몸을 감추고 산을 뽑을 수 있는 용기가 있었으나 적은 병졸로 대군을 이기지 못할 뿐 아니라 전세가 급급한 고비에 다다르니 그 누가 그것을 당해 내리오. 황산벌에서 싸우매 하나로써 백을 당하니 병사는 부족하여 계백장군 및 승장 5인은 전장에서 순직하고 2공은 옥중에서 순직하여 팔충신이 살고 있던 곳을 팔충면이라 이름하고.

삼충신이 고인 돌을 표충석(表忠石)이라 이름하고 지석(支石)이 있는 곳을 지석 때문에 지석리(支石里)라 하여 별칭 석촌

(石村)이라고도 한다. 승장 5인은 중이기 때문에 성명이 남아 있지 않으니 이것이 유감이다. 그러나 계백장군이 인솔한 5천 장병이 다 전장에서 전사하였다. 이 역시 성명이 남음이 없으니.

한국학중앙연구원에서 전해져 내려오는 전설들을 조사해서 편찬한 《구비문학대계》라는 책이 있다. 여기에 앞의 이야기와 비슷한 '의기바위 전설'이라는 설화가 수록되어 있다. 내용은 이렇다.

이 바위 위에는 사람 발자국, 말 발자국, 한 쌍의 남녀가 앉았던 자리와 누웠던 자리가 있는데 그 흔적들에는 백제 의자왕 때의 애절한 사랑의 전설이 전해오고 있다. 구사진혜현의 구진골에 사는 한 청년의 구국심에 불타 무술연마를 갈구하며 애절한 소원을 빌었다.
불태산 산신령은 그 정성에 감동하여 큰 호골과 작은 호골을 오가며 주로 그 중간에 있는 장군굴에서 무술을 전수하였다. 그 장군굴에는 옥샘에 금보깨가 항상 띄워져 있었고, 큰 내(川)가 흘러 담양 추월산에 이르는데, 그 내에는 천년 묵은 '이무기'가 지키고 있어 그 위로 걸쳐 있는 외나무다리를 무사히 건너야만 무술을 전부 전수받게 된다고 전해오고 있다.

청년은 이 외나무다리를 무사히 건너기 위해 열심히 무술을 연마하였다. 그러던 중 이 고을에 사는 절세의 명기 '부용'과 달콤한 사랑에 빠져 수개월을 보내고 있었는데, 어느 날 낭군바위(의기바위) 위에서 부용을 끌어안고 잠이 든 사이 하늘에서 스승의 불호령이 떨어졌다.

"네 이놈! 사비성 함락이 촌각에 이르렀는데 술과 계집으로 허송세월인고! 지금 당장 황산벌로 달려가 나라를 구하지 못할고!"

청년은 깜짝 놀라 정신을 차려보니 자신의 꼴이 후회스러운지, 즉시 부용을 뿌리치고 당장 사비성으로 달려가려 하였다. 그러나 부용이 한사코 부여잡자, "내가 보고 싶거든 지금부터 남기는 사랑의 흔적을 보며 기다리거라, 난 꼭 돌아오리라." 라고 말하고는 말 위에 부용을 태우고 바위를 이러저리 왔다 갔다 하고 나서 부용을 안아 내려 바위에 걸터앉아도 보고, 누워보기도 하면서 마지막 정을 나누었는데 지나는 자리마다 흔적이 뚜렷하게 새겨지는 기적이 일어났던 것이다. 이렇게 후일을 약속한 청년은 질풍같이 말을 달려 사비성에 다달아 계백장군 휘하 오천 결사대의 선봉장으로 황산벌에서 나당연합군과 수백 명을 죽이는 혁혁한 전공을 세우기도 하였다. 그러나 기우는 국운은 어찌하지를 못하고 끝내는 장렬한 최후를 맞았으니…… 꼭 살아오리라던 약속 대신 전사라는 비보를 들은 부용은 "일편단심 서방님을 사모하며 기다리던 이몸, 서방님 없는 이 세상 살아서 무엇하랴."라고 통곡하며 함께 운우를 나누던 낭군바위에 올라 열두 폭 치마를 뒤집어쓰고 수십길 낭떠러지에 몸을 날리고 말았다.

장렬한 최후를 맞은 청년의 혼령은 부용과의 약속을 지키기 위하여 고향으로 날아와 장군굴과 낭군바위를 오가며 "부용", "부용"하며 애절하게 우짖는 소리에 사람들은 청년의 넋이 부용을 못 잊어 우짖는 것이라며 청년과 부용이 노닐던 낭군바위를 의기(義妓)바위라 하여 넋을 위로하였고, 청년이 무술을 연마하던 동굴을 장군굴이라 부르게 되었다 한다.

이 설화는 기본적으로 계백이 주인공도 아니고 그 행위에 대해 어떻다고 직접적으로 평가하는 내용도 없다. 하지만 황산벌 전투 자체가 나라를 구하기 위한 전투였고, 백제의 국운이 이미 기울어져버린 상태였기 때문에 주인공도 죽을 수밖에 없었다는 시사를 강력하게 하고 있다. 사람들이 이미 알고 있는 인식과 크게 다를 것이 없다. 그런데 바로 이 전설의 수집과정에서 의미심장한 일이 있었다. 일단 《구비문학대계》에 수록된 내용부터 보자.

(상략) 아주 오랜 옛날이지. 옛날이야기거든. 아주 저 백제시대에 진원산에 가면 장군굴이라는 데가 있어요. 장군굴이라

는. 디서 굴이 있는데 암굴이 있는디, 거기서 불을 때면 산 속에서 연기가 난다는 아주 긴 굴인데요. (중략)

그런 전설이 있어요. 그 굴속에서 신선이 살고 있었다고 그래요. 어떤 더벅머리 총각이 거기서 그 스승을 모시고 공부를 했다고 그래요. 무예를 닦고. 그래가지고 글을 배우는디 나라가 어지럽고 그런디. 스승의 그아우네 총각이 아주 좋아하는 기생이 있었다고 그래요. 기생이 있어서 항시 그 기생과 같이 그바우 우에서 놀고 있는디, 나라상태는 백제때니까 시기니까. 위급하니까,

"너 뭣하고 있느냐. 지금 시대가 바로 네가 나서야 할 시기니까 빨리 부름을 받고 가거라."

스승의 명령을 받었읍니다. 그런데 황산골 싸움에 계백장군이 싸우다가 죽었어요. 죽어갔구 인자 큰 새가 됐어. 큰 새가 되어 가지고 여기를 날아 왔는디. 그 기생 이름이 부용이란 말이여. 부용인디 돌아와 가지고 인자 놀던 자리를 자꾸 거닌다. 그래가지고,

"부용아! 부용아!"

하고 울었어요. 지금도 항시 부엉이 울고 있어요. 그런디 발자욱은 그때 떠날적에 같이 놀던 흔적이 지금도 남아있어. 그런 이야기 저런 이야기가 되는데 의기 바위. [조사자: 그래서

발자욱을 남겼다고 해서 그 사람이 의기가 된 것입니까?] 아니요. 같이 있을 적에 뛰어내려서 죽었어요. 그래 얘기가 잘못됐어요.

대충만 들으면 앞의 이야기와 같은 이야기인지 의아할 정도로, 중간에 헛갈릴만한 내용이 많다. 다행히 이야기를 수집했던 연구원이 설명을 붙여 놓았다.

* 이 이야기는 제보자가 박망치재 이야기를 해준 후에 마침 생각이 난 듯 스스로 해준 이야기이다. 제보자는 이 이야기를 다 끝마치신 후에 이야기의 줄거리에 확실한 자신이 없다며 자신이 한 이야기는 지워버리고 장성군 장성읍 사단법인 향토개발협의회에서 펴낸 문향41호에 기록된 의기바위 전설에 대하여 자세히 읽어주면서 한사코 그 이야기대로 기록하길 원하였다.

이렇게 속사정이 남아 있으니, 이 이야기 자체로는 헛갈릴 일이 없겠다. 그나마 공공기관에서 정식으로 조사해서 남기는 내용이었으니, 부담감에 자신이 없다는 말이라도 했다. 후세를 위해서는 다행한 일이다.

하지만 이것은 조사방법의 노하우가 쌓인 현대구비문학 수집에서나 일어날 수 있는 해피엔딩(?)이다. 지금도 보통 사람들을 상대로 부담 없이 이야기를 해주는 자리였다면 이렇듯 확실하게 이야기의 근거를 밝혀놓지 않았을 수도 있다. 하물며 예전에 입에서 입으로 전해 내려오는 이야기에 있어서는 더 말할 나위도 없다. 우선 언제 어떻게 만들어졌는지를 확인하기부터 곤란하다. 전설에서 전해지는 메시지를 누가 무슨 의도로 만들었는지부터 알 수가 없다.

역사에 있어서 기본적인 '사료비판'이라는 것은 기록을 누가 어떻게 남겼는지에서부터 시작된다. 입에서 입으로 전해져 내려오는 전설은 바로 이런 기초 작업부터가 불가능하다. 이 점은 중요한 점을 시사해준다. 후세에 이야기를 만들어낼 때에는 만들어낸 사람의 생각이 작용한다. 특히 자기가 알고 있는 편견이 들어가기 쉽다. 물론 어떻게 만들어졌는지 추적할 길이 없는 설화와 전설에 대해 왜곡 여부를 따지는 것은 한계가 있을 것이다. 백제 말기의 불길한 징조들을 당시 첩자나 내부의 불만 세력이 만들어냈다고 보는 경우도 있으니, 가능성만 가지고 말하자면 끝이 없다.

하지만 굳이 짚어 놓아야 할 이유는 있다. 따로 따져볼 수 있는 부분과 연결시켜 볼 수는 있으니까. 바로 많은 사람들이 알고 있는 역사도 실제의 사실과 상관없이 설화나 전설과 별 차이가 없는 경우가 많다.

제2장
의자왕 시대의 실상은 어땠을까?

집권 초기 의자왕의 정치적 행보에 의구심을 가지는 사람은 거의 없다. 의자왕은 사면(赦免)을 여러 번 해서 인심을 얻기도 하고, 신라에 대한 공세를 성공적으로 수행하는 등 나름대로 입지를 굳혀 나아갔던 것이다. 하지만 실제 의자왕과는 달리 우리가 알고 있는 의자왕은 부정적 이미지가 크다. 왜 그럴까?

의자왕의 인간성에 대한
당대의 평가와 치적

남아 있는 설화와 전설 대부분은 의자왕을 나라를 망친 왕으로 만들어 놓고 있다. 반면 계백은 훌륭한 장군으로 띄워 올리고 있다. 하지만 이 설화와 전설들이 현재 사회에 있어서 의자왕의 명예를 낮추는 데 결정적인 영향을 주었다고 하기는 곤란할 것 같다.

설화와 전설은 어차피 이야기에 불과하다. 이것만이라면 역사적 진실을 궁금해하는 사람들까지 전해져 내려오는 이야기만 믿고 의자왕을 무능하고 방탕한 왕이라고 생각하지는 않을 것이다.

그렇지만 이 시대 역사를 전문적으로 연구했다는 역사학자들이 나서게 되면 이야기가 달라진다. 의자왕이 실제 역사 속에서 나라를 망친 장본인이라는 인식이 공인을 받게 되는 것이다. 그러면 이 시대

일부 역사 전문가들이 정말 세심하게 연구하고 이런 결론을 낸 것일까? 생각보다 간과한 것도 많고 오류도 많다.

당시 상황을 제대로 이해하려면 우선 깎아내려져 왔던 의자왕의 인간성에서부터 다시 살펴볼 필요가 있다. 그러자면 의자왕이 활동했던 당시의 기록에 남아 있던 평가부터 보아야 할 것이다.

먼저 부여륭묘지명(夫餘隆墓誌銘)부터 살펴보자. 여기에는 과단성 있고 침착하다는 명성이 자자했으며, 성품이 고고했다고 적혀 있다. 물론 이것만이라면 의자왕 아들의 묘지명이니 당연히 무덤 주인의 아버지에 대해 나쁜 말을 쓰지 않았을 거 아니냐고 생각하는 편이 당연할지 모른다.

하지만 다른 기록에서도 평가는 비슷하다. 《삼국사기》에는 '웅걸차고 용감하였으며 담력과 결단력이 있었다. 어버이를 효성으로 섬기고 형제와는 우애가 있어서 당시에 해동증자(海東曾子)라고 불렀다'고 되어 있다.

《구당서(舊唐書)》〈백제전(百濟傳)〉 역시 마찬가지다. '의자(義慈)는 효행으로 부모를 섬겨 이름이 알려졌고, 형제와도 우애가 깊어 당시 사람들이 해동의 증(曾)·민(閔)[증삼(曾參)과 민손(閔損)은 중국 춘추시대(春秋時代)의 대표적 효자]이라 불렀다'고 전한다.

이 기록들은 백제를 멸망시킨 신라와 당의 기록을 위주로 만든 역사서에 나타나는 내용들이다. 백제라는 나라가 망할 수밖에 없음을 힘주어 강조하던 태도에 비해 의자왕 개인에 대한 평가는 이해가 가지 않을 만큼 후한 것이다. 이러한 기록들 덕분에 후대 사람들 역시 의자왕의 인간성에 대해서는 높이 평가하는 경향이 있다. 시대가 조금 지나서는 마영이(馬永易)나 임동(林同) 같은 송나라 때 사람들이 효시(孝詩)를 써서 의자왕을 찬양하고 있다는 점을 보아도 그렇다.

백제사 전문가 중에는 바로 이런 점을 인용하며 용맹과 결단, 효제로 표현되고 있는 의자왕의 성품을 사실로 인정한다. 더 나아가 의자왕의 개인적 성품은 그의 평소 생활에도 많은 영향을 주었다고 본다. 《삼국사기》에서 그의 활동모습을 살펴보면 그 안에 의자왕의 성품이 반영되었음을 느낄 수 있다는 것이다.

말년에라도 의자왕이 했던 정치가 엉망이었다면, 그에 대한 평가가 후대에 이렇게까지 후하게 남기는 어려웠을 것이다. 망해버린 나라의 마지막 군주에게 마음에 없는 칭송을 남길 만큼 눈치 볼 일은 없었을 것이기 때문이다. 그러니 그의 정치적 행적도 다시 돌아볼 필요가 있다.

집권 초기 의자왕의 정치적 행보에 의구심을 가지는 사람은 별로 없다. 그럴 만큼 의자왕은 무리 없이 통치했다. 사면(赦免)을 여러 번 해서 인심을 얻기도 하고, 신라에 대한 공세를 성공적으로 수행하는 등 나름대로 입지를 굳혀 나아갔던 것이다. 정치에 문제가 생겼다는 말이 나오는 시기는 말년에 접어들면서부터이다. 차차 설명하겠지만, 이에 대해서는 석연치 않은 점이 있다. 그렇다면 이것도 다시 생각해 볼 여지가 있지 않을까? 의자왕이 자신에게 권력을 집중시키는 조치를 취할 수 있을 만큼 권력기반에 자신을 가지고 있었다고 말이다.

사실 권력을 지키는 데 자신감이 없다면, 오히려 자신에게 권력을 집중시키는 조치를 취하기 어렵다. 당에 대한 외교도 마찬가지다. 즉위 초 의자왕은 그런대로 자주 조공을 가는 등 당과의 관계를 다져 나아갔다. 당의 요구 때문에 애써 감행한 신라 침공을 포기하고 철수하기도 했다. 그러던 의자왕이 말년에 당의 요구를 묵살하고 신라에 대한 강경책을 밀어붙였을 때에는 그만큼 자신이 있었다는 뜻으로 볼 수는 없을까?

백제와 신라 누가 몰리고 있었을까?

많은 사람들이 7세기 의자왕 시대, 백제라는 나라에 대하여 가지고 있는 이미지를 요약해보자면 이런 정도일 것이다. 진흥왕 때 신라에 한강 지역을 빼앗기고 위축되어 있던 나라. 다음 글에서 당시 백제가 처해 있던 상황을 이렇게 말하고 있다.

> 삼국항쟁이 격화된 6세기 후반 백제는 경쟁국가인 고구려나 신라에 비해 그 입지랄까 행동반경이 매우 좁았다. 즉 한강 유역을 송두리째 신라에 빼앗긴 뒤부터 백제는 줄곧 한

반도 서남부 지역에 고립되어 있었던 것이다. 백제가 기대를 건 잠재적인 동맹세력은 고구려였으나, 양국은 다만 해상으로 연락을 취할 수 있을 뿐이었다. 그런 까닭으로 백제는 자신을 'ㄱ'자로 포위하고 있는 신라와의 군사경계선을 돌파하기 위해 몸부림쳤다. 그것은 한때 성공을 거두기도 했다. 하지만 백제는 결코 신라의 포위망으로부터 벗어날 수 없었다.[1]

비슷한 내용이 전공서에도 나와 있을 뿐 아니라 교과서에서부터 이런 식으로 나온다. 그러니 대부분의 사람들이 이와 같이 생각하는 것이 무리도 아니다. 과연 그랬을까? 결론부터 말하자면 사실과 다르다.

《삼국사기》의 기록만 보더라도 백제가 그렇게 위축되며 약화되어 가고 있었던 상황은 아니었다. 신라가 남긴 기록을 중심으로 쓰여진 역사인데도 그렇다. 우선 당시 벌어졌던 백제와 신라의 전쟁 양상부터 지금까지 알려져 왔던 이미지는 많이 달랐다.

의자왕대에만 해도 벌어졌던 8번의 전쟁 중 신라 쪽에서 선제공격을 한 사례는 의자왕 4년의 단 한 번뿐이고, 나머지는 모두 백제의 선제공격에 의하여 전쟁이 터지고 있다. 즉 당시 백제-신라 전쟁의 양상을 보면 주로 백제가 선제공격을 하는 형태였던 것이다.

---

1 백제를 다시 본다-기울어진 백제의 기운, 이기동, 주류성, 1998

이 사실이 시사해주는 바가 적지 않다. 보통 국가 규모의 전쟁에서 선제공격으로 전면전을 일으킬 때에는 나름대로 준비가 되어 있고, 자신이 있을 때 감행하기 마련이다. 여기에는 어느 정도의 차질까지 감수할 여유도 포함된다. 또한 전쟁을 일으키는 시기 역시 선제공격을 통하여 주도권을 쥐고 있는 쪽이 선택하게 된다. 즉 여러 가지 요소를 감안하여 자신에게 가장 유리한 시점을 골라 전쟁을 일으키게 되어 있다는 뜻이다. 이것만으로도 수세적 입장에 처해 있는 측이 받은 타격이 훨씬 클 수밖에 없다.

주요 전략거점들이 상대가 선택한 시점에 침략을 받는다는 것 자체가 위협일 수 있기 때문이다. 전투에 이겨봤자, 원래 가지고 있던 거점을 유지하는 데 그칠 뿐이고 지는 날에는 주요 거점을 잃는 셈이다. 그래서 선제공격의 중요성이 커지는 것이다.

이때의 전쟁 형태를 감안해보면 이러한 요소는 더욱 크게 느껴진다. 이 시기 백제와 신라의 전쟁은 수도 같은 중심지를 노려 서로의 사활을 거는 형태가 아니라 지역의 주요 거점을 장악하며 압박의 수위를 올리는 형태였다. 이런 식의 전쟁에서는 전투에서의 승패보다 주도권을 쥐고 상대를 압박하는 게 더 중요해진다. 그렇기 때문에 선제공격을 하는 쪽이 주도권을 쥘 만큼 강한 쪽이었다고 해도 무방할 것이다.

더욱이 의자왕 때에는 대부분의 선제공격이 상대의 성을 함락시키며 일단 성공을 거두고 있다. 의자왕 집권기의 75%에 해당하는 15년

동안의 흐름이 이렇다. 신라보다 백제가 우위에 서서 주도했던 전쟁이라고 해도 큰 문제는 없다. 의자왕 이전이라고 그 양상이 크게 다르지도 않다. 의자왕 이전의 백제-신라 전쟁에 관한 사료를 검토해 보아도 선제공격을 가하는 측은 대부분 백제 측이었다. 차이가 있다고 하면 상당수의 공세가 성공적이지 못하다는 정도다. 여기서 주도권이라 함은 전쟁은 언제 어떻게 시작할지 결정할 권리를 의미하므로 공세의 성공여부는 두 번째 문제다. 이와 같은 점을 감안해볼 때 백제가 선제공격을 가하며 주도권을 잡고 있던 흐름은 성왕 말년의 관산성 전투 이래 백제 멸망 직전까지 유지되고 있었다고 볼 수 있다.

신라가 그렇게 위기에 몰리는 상황이 아니었음을 시사하기 위하여 백제가 주도권을 잡고 있었던 시기를 의자왕대 초기로 한정시켜 보려 하기도 하나, 별로 큰 문제가 되지는 않는다. 의자왕 때만 하더라도 백제의 공세는 의자왕 15년인 655년까지 지속되었다고 보아야 한다.

반전이 있었다고 본다 하더라도 의자왕 16년부터이다. 이 시점 이후에는 신라가 주도권을 잡고 백제를 공격하고자 했다는 주장을 하는 경우도 있다. 태종무열왕 6년 4월의 기록에 다음과 같은 내용이 나오기 때문이다.

> 백제가 자주 변경을 침범하므로 왕이 장차 이를 치려고 당나라에 사신을 보내 군사를 요청하였다.

이 사실을 가지고 주도권 운운하는 건 무리가 있다. 일단 백제를 치려고 했던 이유가 백제 쪽에서 자주 쳐들어오니까 견디다 못해 반격해보려는 것이고, 이조차도 자기 힘이 아니라 당나라의 힘을 빌어 보려 했다는 얘기일 뿐이다.

또한 신라가 백제를 치려는 과업은 태종무열왕 김춘추가 왕이 되기 이전부터 추진해왔던 것이다. 왕이 된 지 6년이 지나서야, 그것도 백제가 자꾸 괴롭히니까 당의 힘이라도 빌려 겨우 실행에 옮겨 보려 했다는 뜻일 뿐이다. 이 사실을 두고 마치 상황이 유리해졌기 때문에 신라가 주도권을 잡고 나섰던 것처럼 만들어 놓는 건 무슨 뜻일까?

의자왕 후반이라는 애매한 표현으로 상황을 모호하게 만들려 하곤 하지만, 그렇다 하더라도 단 1년 만에 상황이 바뀌었다고 보아야 하는 것이다. 또 그러한들 대부분의 의자왕 치세 동안 백제가 주도권을 가지고 있었다는 논리가 달라지는 것은 아니다.

신 라 측 전 력 의 한 계

물론 신라의 반격이 없었던 것은 아니다. 그렇지만 신라 측에서는 김유신 이외에 전과를 올린 지휘관이 별로 나타나지 않는다. 즉 신라는 반격의 횟수도 적고, 반격했던 지휘관도 김유신에 한정되어 있다는 것이다. 신라가 어느 정도로 심하게 김유신에 의지하고 있었는지를 시사해주는 기록도 있다.

> 유신이 백제를 치고 돌아와 아직 왕을 뵙지도 않았는데, 백제의 대군이 또 변경을 노략질하였다. 왕이 명하여 막게 하였으므로 유신은 마침내 집에 이르지도 못하고 가서 이를 공격하여 깨뜨리고 2천 명을 목베었다. 돌아와 왕에게 복명하고 아직 집에 돌아가지 못하였는데, 또 백제가 다시 침입해 왔다는 급한 보고가 있었다. 왕은 일이 급하다고 여겨 [유신에게] 말하였다.
> "나라의 존망(存亡)이 공(公)의 한 몸에 달렸으니 수고로움을 꺼리지 말고 가서 이를 도모해 주시오."
> 유신은 또 집에 돌아가지 못하고 밤낮으로 군사를 훈련하여 서쪽으로 가는 길에 자기 집 문 앞을 지나게 되었다. 집안의 남녀 사람들이 멀리서 바라보며 눈물을 흘렸으나 공은 돌아보지 않고 갔다.

선덕여왕 14년의 기록에 이렇게 쓰여 있다. 신라 위주로 쓰여진 《삼국사기》에 김유신 이외에 활약을 보인 장군들의 활약을 일부러 지워버렸다고 하기는 어렵다. 그러니 백제의 공세에 비해 신라의 반격은 양적·질적인 한계가 있었음을 시사해준다고 볼 수 있다. 그러면 이렇게 일방적이다시피 퍼부어졌던 백제의 공세는 어떻게 해석해야 할까? 이러한 사정에도 불구하고 다음과 같이 설명하는 경우도 있다.

> 서해직항로의 해로를 장악한 신라는 백제의 대중국 진출을 봉쇄하였으며, 고구려 정벌에 실패한 당나라와 쉽게 연결될 수 있었다. 결국 백제는 중국과의 통로가 봉쇄되었다. 그리고 무모한 신라와의 충돌로 국력을 낭비한 의자왕은 정치적 개혁을 시도하였으나 실패하고 말았다. 백제의 멸망은 외교적 주도권을 빼앗긴 고립무원의 결과였다. 간헐적인 왜와의 교섭으로는 중국과의 외교적 손실을 메울 수가 없었던 것이다.[2]

이와 같은 주장들이 납득할만한 것 같지는 않다.

우선 백제가 '포위망'에서 벗어나려 했다는 말 자체에 어폐가 있다. 원래 포위망에 갇혔다고 하면 고립되어 전멸할 위기에 몰렸다는 의미가 내포되는 게 보통이다. 그래서 포위된 당사자가 고립에 의한 압박을 받고 있어야 '포위되었다'라는 개념이 성립할 수 있다.

하지만 백제가 그런 위험에 빠져 있었을까? 'ㄱ'자 포위 운운하지만, 백제와 신라의 분쟁으로 국한시켜 보자면 백제 성왕과 신라 진

---

[2] 백제를 다시 본다-중국과의 교류위해 서해안 항로개척, 신형식, 주류성, 1998

흥왕 때, 한강 유역을 신라가 차지하게 되었다는 사실 이상의 의미가 아니다.

더구나 한강 유역은 성왕이 수복에 나서기 이전에는 고구려가 차지하고 있던 지역이다. 여기를 빼앗긴 자체가 위기라면 고구려 장수왕 이래로 백제는 항상 위기였어야 한다. 버젓이 당과 왜를 비롯한 다른 나라와 통교를 하고 있었으니, 국제적인 고립을 논하는 것도 맞지 않는다. 한강 유역을 신라가 차지하게 되었다고 해서 백제가 국제적으로 고립되는 것도 아니고, 위기에 몰리는 것도 아니다. 한강 유역을 신라에 빼앗겼다는 사실은 성왕이 국력을 기울여 추진한 사업이 좌절된 것 자체가 타격이라면 타격이랄까, 굳이 신라에게 밀리게 되었음을 의미한다고 볼 수는 없다.

대결 자체에서 밀리고 있었다는 논리에 문제가 생기니까 백제가 신라에 대한 공세 때문에 일방적으로 국력을 소모하며 멸망의 길로 접어든 것처럼 설명하기도 한다.

> 빈번한 전쟁에는 막대한 인명손실이 따랐고, 국가는 부족한 병력을 충원하기 위하여 장정들을 모두 전선으로 내몰았다. 그 결과 노약자와 부녀자만 남아 생업에 종사하게 되었다. 이러한 상황은 국가 재정을 더욱 파탄으로 몰아넣었고 농민경제를 극도로 악화시켰다.3

그런데 재미있는 점은 이와 같은 주장에 근거가 제대로 제시되지 않았다는 사실이다. 의자왕 때 이런 일이 있었다는 기록이 나오지 않으니까 동성왕 때와 아신왕 때 백제 사람들이 신라로 도망친 사례를 제시했던 것이다.

확실한 근거 없이 백제가 파경에 빠져 있었던 것처럼 설명한 셈이다. 따지고 보면 이렇게 타당성을 인정할 수 없는 주장 이외에 당시 백제-신라 전쟁에서 백제 측만 일방적으로 국력을 소모했다는 근거가 제시된 적도 없다.

> 백제는 무모한 신라와의 전쟁으로 난국을 수습하려 하였다. 위덕왕은 2회, 무왕은 13회, 그리고 의자왕은 11회에 걸친 신라와의 충돌을 시도하였으나, 외교적 주도권을 장악한 신라의 신흥세력(김춘추, 김유신)에 효과적인 대응을 마련하지 못하고 국력탕진으로 이어졌다.[4]

전쟁이 벌어지면 쌍방 모두가 국력을 소모하는 게 보통이지 한쪽만 소모되지는 않는다. 그런데도 백제만 일방적으로 국력을 소모했던 것처럼 여기고 있다. 이에 비해 마찬가지로 국력을 소모했을 신라

---

3 백제정치사연구, 노중국, 일조각, 1988
4 백제를 다시 본다-중국과의 교류위해 서해안 항로개척, 신형식, 주류성, 1998

에 대해서는 별다른 근거도 없이, 아무 문제가 없었던 것처럼 생각하게 만들어 놓았다.

여기에 '이처럼 국가 재정을 탕진하고 민력을 곤핍하게 만든 임금과 신하들은 막상 국가가 위기에 처하자 책임지는 자세를 보이지 않았다' 는 비난까지 덧붙이기도 한다. 이에 비해 신라에 대해서는 '신라의 임금은 어질고 백성을 사랑하며, 신하는 충성으로 나라를 섬기고, 아랫사람은 윗사람을 섬겨 비록 작은 나라라 하더라도 도모하기 어렵다' 는 당의 장군 소정방의 말을 인용하기까지 한다.

이렇게 정확한 사실에 근거하지 않고 백제만 파탄 지경에 빠져 있었던 것처럼 몰아가는 이유가 뭘까? 편견 때문일 것이다. 이 때문에 신라는 전쟁을 우위에 서서 이끌어갔고, 백제는 망해가는 나라가 되었다.

사실 편견만 없애면 당시 백제와 신라의 기본 국력에 대해 시사해 주는 사실은 많다. 그 중 하나의 사례가 가야의 문제다. 그런 가야가 신라에 흡수되었다는 사실은 확인할 필요도 없을 것이다.

100년이 훨씬 넘게 평화롭게 지내왔던 백제와 신라의 전쟁이 치열하게 전개되기 시작한 시기는 성왕대 관산성 전투 이후다. 그런데 관산성 전투 이후, 대부분의 가야 지역이 신라에 흡수되었다. 이는 가야의 인적·물적 자원을 흡수한 신라의 국력이 그만큼 향상되었음을 의미한다. 백제와 신라의 전쟁에서 맹활약했던 김유신 역시 금관가야 왕족 출신이다.

그런데 가야 대부분을 흡수하고 난 이후에도 신라가 백제에 밀릴 지경이었다. 그렇다면 그 이전부터 백제가 신라에 비해 훨씬 우월한 국력을 가지고 있었다고 할 수 있다. 그러기에 '백제의 열악한 입지'니 '포위' 등의 설명은 맞지 않는다. 지금까지 이러한 요소가 지나치리만큼 무시되어 온 것 같다.

위기에 몰리던 쪽은 신라였다

전쟁 양상만 보아도 백제가 우위에 있었음이 드러나지만, 이외에도 백제의 우위를 시사하는 내용은 많다. 당시 백제와 신라의 우열관계에 대한 인식을 보여주는 기록이 있는 것이다. 일단 확실하게 나오는 대목이 김유신 열전에 있다.

> 유신은 압량주 군주(軍主)로 있었는데 마치 군사에 뜻이 없는 것처럼 술을 마시고, 노래를 부르고 놀며 몇 달을 보내니, 주(州)의 사람들이 유신을 용렬한 장수라고 생각하여 헐뜯어 말하기를 "뭇사람이 편안하게 지낸 지가 오래되어 남는 힘이 있어 한번 전투를 해봄직한데 장군이 용렬하고 게으르니 어찌할 것인가" 하였다.

유신이 이 말을 듣고 백성을 한 번 쓸 수 있음을 알고는 대왕에게 고하였다.

"이제 민심을 살펴보니 전쟁을 치를 수 있습니다. 청컨대 백제를 쳐서 대량주 전쟁에 대한 보복을 합시다!"

왕은 "작은 나라가 큰 나라를 건드렸다가 위험을 당하면 장차 어떻게 하겠소?"하니 다음과 같이 대답하였다.

"전쟁의 승부는 대소에 달린 것이 아니고 인심이 어떤가에 달려 있을 뿐입니다. 그러므로 주(紂)에게는 수많은 백성이 있었으나 마음과 덕이 떠나서 주(周)나라의 10명의 신하가 마음과 덕을 합친 것만 같지 못하였습니다. 이제 우리 백성은 뜻을 같이하여 생사를 함께 할 수 있는데 저 백제는 두려워할 바가 못됩니다."

왕이 이에 허락하였다.

여기서 "작은 나라가 큰 나라를 건드렸다가 위험을 당하면 장차 어떻게 하겠소?"라는 말이 나온다. 이 말은 신라 진덕여왕의 입에서 나온 말이다. 여기서 큰 나라는 백제고 작은 나라는 신라다. 그만큼 신라가 백제를 자신보다 우위의 힘을 가진 나라라고 생각했다는 뜻이다. 신라 위주로 쓰여진 《삼국사기》에 백제에 대하여 있지도 않았던 신라왕의 위기의식을 적어 놓았다고 하기는 어려울 것이다.

말로만 백제를 강국이라고 했던 것이 아니라 백제에 대한 두려움이 신라의 외교에도 반영되어 있다. 《삼국사기》 등의 기록에는 신라가 백제의 압박을 버거워하고 있음이 나타난다. 자신의 힘으로 백제의 침략을 극복하지 못하고 당(唐)에게 구원을 요청하는 상황이 여러 번 나타나는 것이다.

특히 태종무열왕 6년의 기록은 의미심장하다. '왕이 조정에 앉아 있는데, 당나라에 군사를 요청하였으나 회보가 없었으므로 근심하는 빛이 얼굴에 드러나 있었다'라고 되어 있다. 당에 요청한 군사원조에 대한 회답이 없는 사실만으로도 왕의 근심이 두드러질 정도였다는 얘기다. 그만큼 신라가 위기에 몰리고 있었다는 점을 시사하고 있다.

사실 태종무열왕 김춘추는 왕이 되기 전부터 적극적으로 백제를 공격하려는 시도에 주변 세력을 끌어들이려 외교에 매진하고 있었다. 심지어 충돌을 빚고 있던 고구려와 전통적으로 적대 성향이 강했던 왜에까지 위험을 무릅쓰고 직접 갔을 정도였다. 신라가 주도권을 쥐고 있을 정도로 우위에 있었거나, 독자적으로 버틸 수 있는 상황만 되었더라도 이렇게까지 위험을 감수한 외교를 할 필요가 있었을까?

실책은 엉뚱한 곳에

실제의 전쟁과정이 알려진 바와 많이 다른 것처럼 백제 멸망의 결정적인 계기가 되었던 사비성 함락도 일반적으로 알고 있는 바와는 많이 다르다. 겉으로만 보면 이미 알려져왔던 사실에 의문을 갖기가 어렵다.

백제는 결국 나당연합군의 백강 상륙을 막을 수 없었고, 보급부대 역할을 하는 김유신 부대가 육로로 진입하여 당나라 군대와 합류하는 것도 막지 못했다. 사태가 이쯤 되면 사실상 전쟁은 끝난 것이나 마찬가지라고 생각하기가 쉽다. 그래서 이후의 전쟁 상황은 보지도 않고 주요한 양쪽 전선에서의 전투 실패로 백제가 그대로 멸망하게 되었다고 생각해왔다.

하지만 기록을 살펴보면 백제가 그대로 무너져버린 것은 아니다. 나당연합군이 사비성을 포위하는 데까지는 쉽게 진행되었지만, 곧바로 성이 함락되지는 않았다. 즉 황산벌과 백강 양쪽 전선에서의 전투 실패가 전세를 상당히 불리하게 만든 요인이기는 했지만, 결정적으로 백제가 망하게 된 원인은 아니었다. 그 전까지의 파란 만장한 과정에 비하자면, 실제로 사비성이 함락된 원인은 허탈할 정도의 엉뚱한 것이었다. 그걸 보여주는 것이 《삼국사기》 의자왕 20년의 다음 기록이다.

> (상략) 정방이 사비성을 포위하니 왕의 둘째 아들 태(泰)가 스스로 왕이 되어 무리를 거느리고 굳게 지켰다. 태자의 아들 문사(文思)가 왕자 융(隆)에게 말하였다.

"왕과 태자가 [성을] 나갔는데 숙부가 멋대로 왕이 되었습니다. 만일 당나라 군사가 포위를 풀고 가면 우리들은 어찌 안전할 수 있겠습니까?"

[그들은] 드디어 측근들을 거느리고 밧줄에 매달려 [성밖으로] 나갔다. 백성들이 모두 그들을 따라 가니 태가 말릴 수 없었다. 정방이 군사로 하여금 성첩(城堞)에 뛰어 올라가 당나라 깃발을 세우게 하였다. 태는 형세가 어렵고 급박하여 문을 열고 명령대로 따를 것을 요청하였다. 이에 왕과 태자 효(孝)가 여러 성과 함께 모두 항복하였다. 정방이 왕과 태자 효·왕자 태·융(隆)·연(演) 및 대신과 장사(將士) 88명과 백성 12,807명을 당나라 서울로 보냈다.

이 기록이 무엇을 의미할까? 사비성이 당나라군대와의 전투에서 패배하여 함락된 것이 아니라 성안에 있던 백제인들의 투항사태 때문에 스스로 붕괴해버렸음을 보여주고 있다.

문제는 투항사태가 벌어진 이유다. 여기서도 많은 사람들이 혼선을 느끼게 되는 원인 역시 일부 백제사 전문가들이 제공해주고 있다.

적군의 강습에 완전히 전의를 상실한 의자왕은 태자와 함께 북쪽 웅진성(공주)으로 달아났다. 이에 왕의 둘째 아들 부여 태(夫餘泰)가 왕권을 대행했으나 혼란을 수습하기에는 역부족이었다. 이윽고 연합군이 시가지를 가로질러 부소산성을 포위하자 절망에 빠진 지배층과 백성들이 떼 지어 성에서 내려와 항복했다. 그리하여 부소산성 정상에는 나당연합군 깃발이 나부끼게 되었다.5

이러한 인식은 개설서를 비롯하여 여러 곳에 공통적으로 나타난다. 이대로라면 사람들에게 사비성 함락이 어떻게 비칠까?

황산벌 전투 이래 거듭된 패배 때문에 백제 측은 전의를 상실하고 있었고, 의자왕도 그 때문에 웅진성으로 피신한 것처럼 느낄 것이다. 둘째 아들 태(泰)가 왕이 된 것도 아버지인 의자왕이 도망하고 난 공백을 메우기 위하여 어쩔 수 없이 취한 조치로 인식하기 쉽다. '지배층과 백성들이 떼 지어 성에서 내려와 항복'한 사태도 나당연합군이 시가지를 가로질러 부소산성을 포위하자 절망에 빠졌기 때문으로 비치게 된다.

하지만 뒤에 자세히 설명하겠지만, 전쟁의 전개를 제대로 살펴보면 이런 식의 그림은 나오지 않는다. 무엇보다도 백제 사람들이 대규모 투항을 하게 된 원인부터가 완전히 다르다. 기록에 직접적으로 나타나 있듯이, 투항사태를 주도한 당사자들이 걱정한 것은 나당연합군의 공격으로 성이 함락되는 게 아니었다. '당나라 군사가 포위를

---

5 백제를 다시 본다-기울어진 백제의 국운, 이기동, 주류성, 1998

부소산성에서 본 금강

풀고 가면' 자신들이 무사할 수가 없다는 사실이 투항의 이유였다.

　사비 방어 자체에는 그다지 비관적이지 않았다는 뜻이다. 투항한 백제인들이 걱정한 것은 당나라군대의 공격이 아니라 오히려 당나라 군대가 철수한 이후의 사태였던 것이다.

　사태가 이렇게 발전한 직접적인 이유는 의자왕의 둘째 아들 태(泰)가 제멋대로 왕이 되었기 때문이다. 이유야 어쨌건 이건 일단 반역에 해당한다. 이런 상황에서 태의 지휘를 받아야 하는 백제 지배층의 정치적 입장은 그야말로 진퇴양난이다. 방어에 성공하지 못하면 나당연합군에게 처리될 것이고, 성공한다 해도 정치적 쿠데타에 협조한

혐의로 인해 문책을 당하게 된다. 그렇다고 나당연합군이 성을 포위한 상태에서 사실상의 사령관인 태에게 저항하기도 곤란하다. 그것은 바로 성 자체 내의 자중지란(自中之亂)이 되어버리기 때문이다. 어떻게 해도 곤란한 입장에 처할 상황에 선 사람들에게 결사항전의 의지가 생길 리 없다. 그렇기 때문에 상당수의 백제인들이 저항을 포기하고 항복해버린 것이다.

지도자의 선택과 국가의 운명

이런 사태가 초래된 직접적인 원인은 둘째 아들 태가 마음대로 왕이 되었다는 데에 있다. 국가의 위기를 자신의 집권야욕에 이용했다는 비난을 받아 마땅한 행동이라고 할 수도 있다.

그렇지만 조금 더 살펴볼 여지가 없지 않다. 무엇보다 태의 입장에서 변명거리가 없는 것만은 아니다. 태의 입장에서는 구심점 역할을 해야 할 왕이 피신해버렸기 때문에 초래된 혼란을 수습해야 했다. 최고 집권자도 없는 상태에서 결사항전을 독려해봤자, 별다른 지위도 없는 사람에게는 잘 따라주지 않는다. 사태를 수습하려면 일단 남들이 우러러보는 지위에 오를 수밖에 없었다는 생각도 해봄직한 상황이었다. 태가 스스로 왕이 되어 방어에 나선 것도 이러한 상황을 염두에 두고 보아야 할 것이다.

그렇다면 원인은 보다 근원적인 데에서 찾아야 한다. 이 사태를 초래한 근본적인 원인은 의자왕이 태자와 함께 피신했다는 데에 있다. 최고 집권자가 자리를 지키고 있었다면 둘째 아들 태가 제멋대로 왕위에 오르는 사태가 일어날 리가 없었다. 결국 의자왕 자신이 위기를 초래할 빌미를 제공해준 셈이다.

사실 자신만 피신해버린 의자왕의 행동이 사비성에 남은 백제인의 사기에 좋은 영향을 줄 수 없었다. 사비성 사수를 떠넘긴 채 자신의 목숨만 보존하겠다고 피신한 셈이 되기 때문이다.

여기서 고구려의 침공으로 수도 한성을 위협받았던 개로왕과 비교해보자. 수도 한성(漢城)이 함락될 위기에 처하자, 개로왕은 아들 문주에게 "내가 어리석고 밝지 못하여 간사한 사람의 말을 믿고 썼다가 이 지경에 이르렀다. 백성은 쇠잔하고 군사는 약하니 비록 위태로운 일이 있다고 하더라도 누가 기꺼이 나를 위하여 힘써 싸우겠는가? 나는 마땅히 사직(社稷)을 위하여 죽겠지만 네가 이곳에서 함께 죽는 것은 유익함이 없다. 어찌 난을 피하여 나라의 계통(國系)을 잇지 않겠는가?"라 하며 피신시켰다. 그리고 자신은 성에 남아 장렬하게 최후를 맞고 말았다.

성이 함락되면서 탈출을 시도하다가 잡혀 죽기는 했지만, 이 정도는 자기만 살기 위해 수도 방어책임을 떠넘기고 도망쳤다고 할 수는 없다. 그랬기 때문에 비록 자신은 죽고 수도 한성은 함락되었지만,

백제의 정통성은 문주에게로 이어져 백제가 망하는 사태까지 가지는 않았다.

반면 의자왕은 국가에 위기가 닥친 순간, 수도 방어책임을 떠넘기고 피신해버렸다. 이건 목숨을 걸고 적의 공격을 막아야 하는 백제인 누구에게도 좋게 비칠 행동이 아니다. 당장 수도 방어책임을 지게 된 태부터 그렇다. 아무런 보장도 해주지 않고 책임만 떠넘긴 의자왕에 대한 반발이 생기는 게 당연하다. 여기서 곧바로 정치적 혼란이 야기되는 것도 이상할 것이 없다.

그리고 이는 단순히 사비를 지킬 수 있느냐 마느냐는 선에서 그치는 것이 아니다. 백제 왕권 자체의 신뢰와 직결되는 문제인 것이다. 이 사태가 전해주는 메시지는 분명하다. 위기에 몰릴수록 지도자에 대한 신뢰가 결정적인 요인이 될 수 있는 것이다. 국가의 위기에 처했다는 점에서 공통점을 가진 백제왕 중에서 개로왕과 의자왕은 극단적인 차이를 보여주고 있다.

위기 상황에서 지도자가 목숨을 바칠 각오가 되어 있을 정도의 책임의식이 있느냐 없느냐에 따라 나라의 존망이 걸릴 수도 있는 것이다. 백제라는 나라에 있어서는 불행히도 의자왕은 국가에 대한 책임보다 개인적인 안전을 택했다. 그 결과가 백제의 멸망으로 나타난 것이다. 의자왕의 진정한 실책은 여기에 있다.

사비함락이 백제멸망은 아니었다

　사비성이 함락되었다고 백제가 바로 망한 것은 아니었다. 곧바로 부흥운동이 일어나 신라와 당은 대부분의 백제 지역에 대한 통제력을 잃어버렸던 것이다.

　660년 8월경부터 본격적으로 일어나기 시작했던 부흥운동의 기세는 두 달도 못 되어 사비성에 주둔하고 있던 당군을 사실상 역으로 포위하는 상황을 만들었다. 물론 이는 삼년산성까지 철수했던 신라군이 구원에 나섬으로써 해결되었지만, 얼마 지나지 않아 신라와 당은 곤경에 빠졌다.

　661년에 접어들면서 백제 부흥군의 사비 공략이 거세어지자, 이를 진압하려 나섰던 웅진도독부(熊津都督府)의 당나라 군사 천 명이 전멸을 당하기도 했다. 그리하여 661년 초에는 백제 옛 땅의 남쪽 방면을 제외한 지역이 부흥운동군의 영향 아래에 들어갔다.

　백제 부흥군의 세력은 이와 같이 제법 컸고, 비교적 오래갔다. 661년에는 사비성 공략에도 실패하고 백강으로 올라오려던 왜군과의 연합작전도 실패했다. 그런데도 백제부흥군은 이에 굴하지 않고 신라 구원병을 대파하여 백제 옛 땅 거의 전부를 장악하기에 이르렀다.

　유리하게 진행되던 전황을 믿고 부흥운동을 지휘하던 도침은 당나라 장군 유인궤가 굴욕을 느낄만한 말까지 했다. 《삼국사기》〈백제본기〉 마지막 부분에 나오는 다음 기록이 그 상황을 보여준다.

인궤가 글월을 지어 화와 복을 자세히 말하고 사자를 보내 타일렀다. 도침 등은 군사가 많은 것을 믿고 교만해져서 인궤의 사자를 바깥 객관에 두고 업신여기면서 대답하였다.
"사자의 관등이 낮다. 나는 바로 일국의 대장이니 만나기에 합당치 않다."
[도침은] 서한에 답하지 않고 [사자를] 그대로 돌려보냈다.

당나라 원정군 사령관 격이었던 유인궤가 보낸 사자(使者)를 만나보지도 않고 돌려보낼 정도였으니, 어느 정도까지 자신을 보였는지 쉽게 짐작할 수 있다. 또 하나의 백제 부흥운동 지도자였던 복신도 이 이상의 자신감을 보였다.

복신 등은 인원(仁願) 등이 고립된 성에서 원병이 없으므로 사자를 보내 위로하여 말하였다.
"대사(大使)들은 언제 서쪽으로 돌아가려는가? 마땅히 사람을 보내 전별하여 보내겠노라."

이들이 단순히 교만해서 이러한 행동을 보였다고 할 수는 없다. 지금 남아 있는 기록에는 이들이 장군을 자칭한 것으로 몰아가고 있지만, 여기에는 감안해야 할 점이 있다. 이 기록들은 신라와 당에서 남긴 것이기에 이런 칭호는 제멋대로 붙인 것이 아니라 부흥운동군이 상당히 조직화되어 있었다는 근거로 보기도 한다.

　더욱이 당은 고구려원정 때문에 백제 부흥군 진압에는 크게 신경을 쓰지 못하고 있었다. 662년 2월 고구려원정이 실패하자 웅진도독부의 유인원과 유인궤에게도 회군을 명령했고, 백제에 남아 있던 당나라 병사 역시 귀환을 원하고 있었다. 복신과 도침 등이 당의 장군들을 무시하다 못해 우롱까지 했던 것도 이와 같이 유리해지는 전황을 감안했던 것이라고 할 수 있다.

나 비 효 과

　그런데 이렇게 기세를 올리던 백제 부흥운동이 왜 실패로 돌아갔을까? 가장 중요한 이유는 결국 내분 때문이라고 보아야 할 것 같다. 내분양상을 단적으로 보여주는 기록은 역시 《삼국사기》〈백제본기〉 마지막 부분의 내용이다.

　　　얼마 아니하여 복신이 도침을 죽이고 그 군사를 아우르니 풍(豊)은 능히 제어하지 못하고 다만 제사를 주관할 뿐이었다.

　　　이때 복신이 이미 권세를 오로지 하면서 부여풍(扶餘豊)과 점차 서로 질투하고 시기하였다. 복신은 병을 핑계로 하여 굴 속 방에 누워서 풍이 문병오는 것을 기다려 잡아죽이려고 하였다. 풍이 이것을 알고 친하고 믿을 만한 자들을 거느리고 복신을 엄습하여 죽이고는 사신을 고구려와 왜국에 보내 군사를 청하여 당나라 군사를 막았다.

위의 기록은 백제 부흥운동의 양대 지도자라 할 수 있는 복신과 도침이 서로 협력하지 못하고, 결국 복신이 도침을 죽이는 사태로 발전하는 양상을 보여주고 있다. 그리고 이 사태는 복신과 도침의 개인적인 갈등으로만 끝나지 않았다. 이들에 의하여 백제왕으로 추대된 부여풍에게까지 곧바로 영향이 미쳤던 것이다.

도침을 죽이고 백제 부흥운동의 주도권을 장악한 복신은 왕인 부여풍까지 무시할 정도로 권력을 장악했다. 그러니 실권 없는 왕이 되어버린 부여풍의 입장에서 복신이 곱게 보일 리 없었고, 이는 두 사람 사이의 갈등으로 발전할 수밖에 없었다. 그렇게 갈등을 빚던 부여풍과 복신은 결국 서로 죽이려는 음모를 꾸밀 정도로 극단으로 치달았고, 결국 부여풍이 남은 부흥군 지도자 복신을 죽이는 사태가 벌어졌다. 그리고 이 사태가 결국 백제 부흥운동이 실패로 돌아가는 데 결정적인 원인이 되었다고 할 수 있다.

그 후유증은 컸다. 부흥군 지도자 중에는 부여풍에게 합류하기를 거부하고 당에 투항하는 사태가 벌어지기도 했다. 사탁상여(沙吒相如)

와 흑치상지(黑齒常之)가 대표적인 인물로 꼽힌다.

백제 부흥운동의 내분사태가 이렇게까지 발전하게 된 뿌리는 어디에 있었을까? 백제 부흥운동에 균열이 생기게 된 원인은 왕위에 오른 부여풍이 구심점으로서의 역할을 제대로 하지 못했기 때문이라 할 수 있다. 그런데 정당한 왕위 계승권자로서 즉위했던 부여풍이 무엇 때문에 이렇게까지 왕으로서의 권위를 인정받지 못했을까?

해답은 간단하다. 백제 부흥운동은 백제 왕실이 주도해서 일으킨 게 아니다. 오히려 왕실의 항복을 인정하지 않는 집단이 주도해서 일으켰다. 왕조차도 이들의 추대로 즉위한 셈이다. 당연히 실질적인 부흥군 지도자에 비해 왕의 권위는 약했고, 그러다 보니 왕 부여풍이 구심점 역할을 하기가 어려웠다. 그렇기 때문에 복신이 부흥군의 또 다른 지도자 도침을 죽이는 사태가 벌어졌을 때 명색이 왕인 부여풍이 무기력하게 지켜보고만 있을 수밖에 없었다. 복신이 도침의 세력까지 흡수한 이후에는 그저 '제사나 주관' 하는 데에 그쳤다는 기록이 부여풍의 처지를 보여준다.

부여풍이 왜에 오래 머물고 있었기 때문에 국내 세력기반이 취약했다는 점도 작용했던 것 같다. 왜 쪽에 원군을 요청하면서 복신과의 갈등을 언급하는 점을 보면 그러한 분석이 설득력을 얻을 수 있다.

만약 의자왕이 죽거나 포로가 된 다음에라도, 문주처럼 정식으로 인정받은 후계자가 뒷일을 이어받아 백제의 보존을 위해 활동했다면 백제 부흥운동이 이렇게 허무하게 끝났을까?

백제 왕실의 정상적인 권위를 등에 업을 수 있었다면 부여풍 아니라 누가 백제왕이 되었더라도 이렇게까지 실권 없는 왕으로 전락했을 리는 없다. 후계자인 태자까지 거느리고 웅진성으로 피신해버린 의자왕의 결정은 단순히 사비성이 함락되는 선에만 악영향을 준 게 아니다. 왕실 거의 전부가 당의 포로가 된 상태에서, 자연스럽게 일어난 부흥운동 지도자에게 백제의 운명을 걸 수밖에 없게 되었다. 이런 사정 때문에 부여풍 같이 실권 없는 왕이 등장했다.

의자왕이 웅진성으로 피신했던 일이 결과적으로 사비함락은 물론이고 나중에 일어났던 부흥운동까지 무너뜨려버린 셈이다. 결과는 이렇게 치명적이었지만, 의자왕이 웅진성으로 피신할 결심을 할 시점에서 예측할 수 있는 일이라고 하기는 곤란하다.

의자왕과 같은 입장에 처해보면, 누구든 안전한 곳으로 피신해서 뒷일을 도모해보고 싶은 생각이 들 수밖에 없다. 인지상정(人之常情). 대부분의 사람들이 선택할 법한 길이었지만, 결과는 치명적이었던 셈이다. 그야말로 '나비효과'라는 말이 어울리지 않을까?

❧ 의자왕의 항복이 자기희생적?

의자왕에 대해서 너무나 많은 모략(?)이 쏟아졌으니, 이 점을 바로 잡아야 한다는 움직임이 있기도 했음을 소개하는 것이 이 책의 줄기 하나라고 할 수 있다. 그래서 앞서도 많은 내용을 소개했다.

하지만 그러다 보니 역으로 의자왕의 선택을 무조건 미화하게 되는 경우도 나올 법하다. 그런 경우 중 하나가 사비성 함락 5일 만인 7월 18일, 웅진성을 나와 항복한 의자왕의 선택에 대한 해석 문제다.

다음을 보면 의자왕이 자신의 판단으로 항복해왔다는 전제 아래 이렇게 해석했다.

> 용맹과 결단, 효제로 표현되는 의자왕의 성품으로 볼 때 그가 자포자기했다고 여겨지지는 않는다. 또 8월 2일 모욕적인 항복식을 거친 뒤 9월 3일 중국으로 끌려간 것을 보면 사전에 어떤 타협이나 약속이 있었던 것 같지도 않다.
> 신라태자 김법민이 항복한 부여륭의 얼굴에 침을 뱉으며 위협적인 말을 하고 있듯이 백제와 신라 사이의 전쟁은 국가의 사활이 걸린 복수전이었다. 그러나 백제에 대한 당의 공격은 성격이 달랐다. 당 고종이 낙양성 측천문루에서 의자왕 일행을 만나 본 뒤 그들을 용서해주었듯이 그것은 복수전도 아니었고, 또 뒤에는 부여륭을 웅진도독으로 삼아 백제지역을 다스리게 하거나 신라 문무왕과 부여륭 사이에 맺어진 취리산 맹약문에서 백제의 옛땅과 사직을 보전시킨다는 내용을 명시하고 있듯이 영토를 욕심낸 침략도 아니었

다. 즉 중국 말을 듣지 않는 의자왕 정권을 교체해 백제와 중국 사이의 조공 및 책봉 관계를 정상화시키는 데에 당의 궁극적인 목적이 있었다. 그러므로 이러한 성격을 간파하고 있었을 의자왕은 백제의 피해를 최소화시키겠다는 자기희생적 판단에 의해 신라의 행동을 견제할 수 있는 유일한 세력인 당나라에 스스로 항복했던 것이 아닐까 생각된다.6

이 해석대로라면 의자왕은 당의 궁극적인 목적이 정권을 교체해 백제와 중국 사이의 조공 및 책봉 관계를 정상화시키는 데에 있었다는 점을 간파하고 항복했다는 의미가 된다. 그런데 과연 이런 해석에 타당성이 있을까?

무엇보다도 의자왕이 당의 궁극적인 목적을 백제와 중국 사이의 조공 및 책봉 관계를 정상화시키는 것으로 보았다는 점을 납득하기가 어렵다. 당(唐)이라는 나라가 겨우 이런 목적을 달성하자고 10만이나 되는 대군을 동원했을까? 이 정도 병력에, 바다를 건너오느라고 무려 2000척 가까운 배까지 동원했던 당이다. 국가적으로 엄청난 부담이 될 수밖에 없는 규모였다. '조공·책봉관계 정상화'를 위해 이런 무리의 대가를 찾을 수 있다고 생각했을 리는 없다.

---

6 백제 멸망의 진실, 양종국, 주류성, 2004
의자왕과 백제부흥운동 엿보기, 양종국, 서경문화사, 2008

또 당이 백제 영토에 대한 욕심이 없었을까? 백제와 고구려를 멸망시키고 나서 신라까지도 점령하려 했던 당이다. 그런 당이 '부여륭을 웅진도독으로 삼아 백제지역을 다스리게 했다'고 해서 백제 영토에 대한 욕심이 없었다고 보는 건 무리다. 멸망시킨 나라의 지도자에게 다시 자기 나라의 벼슬을 주어 그 지역 지배자로 임명해주는 건, 애써 뺏은 영토를 돌려주겠다는 뜻이 아니다. 새로운 지배자에 대한 불안을 가질 수밖에 없는 현지인들에게 익숙한 지배자를 허수아비로 내세워 저항을 조금이라도 줄여 보려는 정치술인 경우가 태반이다. 그런 속셈을 무시하고 단순히 '부여륭을 웅진도독으로 삼아 주었다'는 이유만으로 '당은 백제 영토를 욕심내지 않았다'고 결론 짓은 것은 성급한 일이다.

이렇게 무리한 논리가 나온 이유는 분명해 보인다. 의자왕의 항복을 '자기희생적 판단'이라고 너무 미화하려 했기 때문이다. 의자왕의 행동을 보아서도 그건 사실과 다르다. 의자왕이 그렇게 '자신을 희생해서까지 신라를 견제할 수 있는 당에게 항복하려했다'는 의도였다면 무엇 때문에 굳이 웅진성으로 피신했는지 의문이다. 그런 의도였다면 굳이 웅진성으로 도망갈 필요 없이 사비성에서 항복하는 편이 나았을 것이다. 버틴다는 인상을 줄 필요도 없었을 것이고, 사비에서 시간을 끌면서 당 측과 비밀리에 접촉하는 방법도 있다.

그런 방법을 모두 포기하고 피신한 것 자체가 '끝까지 버티어 보겠다'는 인상을 주기 십상이다. 이런 상황에서 굳이 이런 일을 벌인

다음에야 항복했다는 것은 앞뒤가 맞지 않는다.

너무 미화할 필요는 없다

　의자왕의 항복이 '자기희생적'이라고까지 하기가 곤란한 이유는 또 있다. 최근 새롭게 밝혀진 사실이 있다. 바로 의자왕은 자기 발로 웅진성을 나와 항복한 것이 아니라, 신하였던 웅진방령(熊津方領) 예식(禰植)에 의하여 사로잡혀 항복했던 것이다.

　이 사실은 중국에서 예식에 관련된 비문이 발견됨으로써 확실해졌다. 우선 이 비명에서 예식은 흉노족 김일제(金日磾)에 비유되고 있다. 김일제는 흉노족 출신으로 한(漢) 무제(武帝)의 충복이 된 사람이다. 예식이 하필 이런 사람과 비교되었는지 짐작하기 어렵지 않다. 또 백제에서는 웅진방령이라는 그리 높지 않은 지위에 있었던 데 비하여 당에서는 잡혀간 백제 인사 중 최고의 공신으로 책봉 받고 있다. 웅진방령밖에 안 되는 예식이 당에서 이렇게 최고의 공신 대접을 받을 수 있는 이유는, 통치자였던 의자왕을 사로잡아 바쳤다는 것밖에 없다는 얘기이다.

　자신의 결정으로 혹시 특별히 뜻한 바가 있었을 가능성을 남겨두어 볼 수 있겠으나, 부하에게 잡혀 나온 사람에게 이런 생각이 있었다고 보는 것은 무리다. 따라서 의자왕의 항복을 굳이 '자기희생적'이라고 포장하는 것은 곤란하다.

비슷한 맥락에서 의자왕의 행위를 미화하는 논리도 있다. 사비성이 포위되기 직전, 백제 왕자가 좌평 각가(覺伽)를 시켜 당나라 장군에게 글을 보내 군대를 철수시킬 것을 애걸했다는 기록에서 빌미를 찾았다. 〈백제본기〉 기록에 의하면 상좌평(上佐平)을 시켜 제사에 쓸 가축과 많은 음식을 보내보기도 했으며, 왕의 여러 아들이 몸소 좌평 여섯 사람과 함께 앞에 나와 죄를 빌어보기도 했다.

이를 두고 백제 사람들이 군사적인 방법만이 아니라 신라와 당의 차이를 이용해서 사과와 호소로 접근하는 등 다양한 방법을 동원했다고 해석하는 의견도 있다. 소정방이 나당연합군이 소부리 벌판으로 진격할 때, 앞으로 나아가기를 꺼렸던 사실도 이러한 해석을 뒷받침하는 근거로 이용된다. 《삼국사기》 기록을 살펴보면 다음과 같다.

> 12일에 당나라와 신라군이 의자왕의 도성을 에워싸고자 하여 소부리(所夫里) 벌판으로 나아가는데, 정방이 꺼리는 바가 있어 전진하지 않았으므로 유신이 그를 달래어 두 나라 군사가 용감하게 네 길로 나란히 진격하였다.

이를 두고 백제 사람들의 정성에 소정방이 약간이나마 흔들린 것 같다는 추측까지 하는 것이다. 백제 사람들이 아무리 생각이 없었어도, 10만이 넘는 병력을 동원해서 먼 길을 원정 온 군대가 지휘관에게 잘못했다고 빌며 대접한다고 해서 '돌아가겠거니' 라고 생각했을까? 또 백제 사람들이 그렇게 미련한 짓을 했다 하더라도 소정방이 이런 정성을 받아들일 수 있는 입장이었을까?

소정방이 소부리 벌판으로 나아갈 때 꺼린 이유는 따로 있었다고 보아야 할 것 같다. 황산벌과 백강에서의 전투 이후에도 백제군은 계속해서 저항을 하고 있는 상황이었다. 그러니까 소정방의 입장에서는 어느 지역에서 또 기습을 당할지 모르는 처지였고, 따라서 진격에 신중을 기하려 했을 수 있다.

김유신의 설득으로 병력을 넷으로 나누어 진격했다는 것도 달리 해석할 수 있다. 이왕 병력은 압도적인 우위에 있다. 그러니 한 번의 전투에서 전 병력이 한꺼번에 타격받는 사태를 피하려 한 조치로 보인다. 그런 상황을 무시하고 마치 백제 사람들의 정성에 약간이나마 마음이 흔들린 것 같다고 보는 것은 낭만적인 해석과 같다.

사실 소정방 같은 야전사령관에게 독단적으로 이런 결정을 할 권한이 있을 리가 없다. 국가적으로 엄청난 무리가 따르는 외국 원정을 보낸 상황이다. 이런 임무를 받고 출정한 군대가 쉽게 회군한다면 그 지휘관은 당장 사형감이다. 소정방이 이런 점을 모를 만큼 감정에 치우치는 지휘관일 리도 없으며, 백제 사람들도 마찬가지였을 것이다.

그렇다면 백제는 무엇 때문에 이렇게 되지도 않을 일을 벌였을까? 무엇보다도 의자왕이 웅진성으로 피신할 여유를 확보해야 할 필요 때문이라고 해야 할 듯하다. 백제의 입장에서는 통치자가 피신하는 상황이다. 잘못하다가 나당연합군의 일부 부대라도 앞질러 진격해 와서 피신하는 의자왕과 마주치기라도 하는 날에는 낭패도 보통 낭패가 아니다.

이런 사태를 막으려면 조금이라도 나당연합군의 진격을 늦춰야 한다. 이때 사신 파견은 효과적인 방법이 될 수 있다. 사신을 맞게 되면 영접하고 대화하는 과정에서 최소한의 시간이 걸리게 마련이다. 그러니 의자왕이 피신할 시간을 번다는 목적을 달성하기에는 충분하다.

단 몇 분 차이가 치명적인 결과를 낼 수 있다는 점을 감안하면 백제의 입장에서는 해봄직한 일이다. 이는 또 다른 효과를 볼 수 있다. 이전에 거듭된 전투에서 패배했으니, 남은 군대를 정비하고 재편성해볼 시간이 필요했을 것이다. 잠시라도 시간을 끌어 백제 쪽에서 손해를 볼 일은 없었다. 그 자체로는 되지도 않을 일이지만, 백제 쪽에서 왕자와 좌평들을 보내 거듭된 사죄와 함께 용서를 빌었던 숨은 의도는 여기에 있지 않았나 싶다.

이렇게 보면 마지막까지 백제 쪽에서 사신을 보내 당나라 장수들에게 통사정하며 용서를 빌었던 행동 역시 보이는 그대로만 믿을 일은 아니다. 결국 의자왕의 행동과 업적이 심각하게 왜곡되어서 사람 자체까지 매도되어 왔다는 점을 지나치게 의식하다보니 생겨나는 반작용이다.

제3장
계백을 띄워라

《삼국사기》 열전에 소개된 백제사람 중, 역사적으로 의미가 있으면서도 한국 고대 국가 계통의 기록에 기반을 둔 인물은 계백이다. 백제의 마지막 전쟁에서 장렬히 싸우다 전사한 것으로 알려진 계백은 기존에 알려져 있는 것처럼 명장이었을까? 훌륭한 장군으로만 평가되고 있는 계백을 다시 되짚어보자.

무엇 때문에 계백을 각별하게 챙겼을까?

《삼국사기》열전에 실린 인물 중 백제 사람은 단 세 명에 불과하다. 흑치상지와 도미(都彌) 부부, 그리고 계백이다. 이 중 흑치상지에 대한 기록은 《구당서》와 《신당서》에서 따온 것으로 보는 게 학계의 일반적인 시각이다. 즉 중국 쪽 기록에 중요 인물로 다루었기 때문에 《삼국사기》에도 수록되었을 수 있다는 의미다.

그러면 백제 같은 한국 고대국가 계통의 기록에 근거를 둔 인물은 도미 부부와 계백이 남는다. 여기서 도미 부부는 실존 인물인지 의심스러울 정도로 설화적인 이야기 속에 나온다. 개루왕(蓋婁王)이라고는 되어 있으나, 사실인지 확인하기 어려운 왕의 추잡스러운 사생활과 관련되어 있는 것이다. 적어도 정치적으로 의미 있는 인물은 아니다.

이에 비해 계백은 황산벌 전투라는 상당히 중요한 역사적 사건과

연계되어 나온다. 즉 《삼국사기》 열전에 소개된 백제 사람 가운데 역사적으로 의미가 있으면서도 한국 고대국가 계통의 기록에 기반을 둔 인물은 계백뿐이라는 얘기가 된다.

여기서 《삼국사기》에는 열전(列傳)만 있는 것도 아니고, 더 비중 있는 기록이 본기(本紀)라는 점 때문에 의문을 가지는 사람도 있을지 모르겠다. 즉 백제본기에는 수많은 인물이 등장하는데 왜 굳이 열전에 등장한 인물로 제한시켜 계백의 위상을 따지느냐는 의문이 생길 수 있는 것이다.

하지만 내막을 알고 보면 그렇게만 생각하기가 어렵다. 잘 알려져 있다시피 《삼국사기》는 기전체(紀傳體)라고 한다. 그래서 사건을 시간 순으로 기록하기만 한 편년체와 구별된다. 즉 역사적 사건을 시간이 흘러가는 대로 기록한 본기만 있는 게 아니라 지리와 관직에 관한 기록인 지(志), 인물에 관한 기록인 전(傳)이 별도로 붙어 있다는 뜻이다.

여기에 인물에 관한 기록인 열전이 따로 붙어 있는 이유가 있다. 열전에는 본기의 기록만으로 부족하다고 느낄 만큼 특별히 중요하게 여기는 사람들만 등장시키는 것이다. 다시 말하자면 《삼국사기》 열전에 등장했다는 사실은, 적어도 《삼국사기》 편찬자들에게 소개할 만한 가치가 있는 인물이라고 인정받았다는 의미가 있다.

《삼국사기》 열전에 소개된 백제 사람이 3명뿐이라는 것은 그만큼 《삼국사기》 편찬자들이 백제 인물에 대하여 의미를 두는 데에 인색했다는 뜻이다. 그런 《삼국사기》에 등장한 백제인 3명 중 하나, 그것도 중국 쪽 기록 때문에 들어간 인물도 아니고 역사적 의미가 적은 인물도 아니다. 그러니까 계백은 《삼국사기》에서 백제인으로서는 드물게 특별한 취급을 받은 인물이라는 뜻이다.

그렇기 때문에 여기서 기본적인 문제 하나가 제기되어야 한다. 무엇 때문에 '계백만큼은 이렇게 각별하게 챙겼을까?'라는 점이다. 《삼국사기》 편찬자들로서는 중요한 인물이라고 여겼으니까 열전에 등장시켰을 것이고, 그러려면 당연히 그에 관한 기록을 챙겨야 했다.

그런데 누가 이렇게 계백에 대한 기록을 챙겼을까? 백제 사람들은 아니다. 백제가 곧 망해버렸기 때문에 나라도 없는 백제 사람들이 계백에 대한 기록만 특별히 챙겼으리라고 보는 것은 무리다. 즉 백제가 망한 다음 그에 관한 기록이 정리가 되어 전기의 형태로 남았고, 이것이 고려시대에 정리된 《삼국사기》에 수록되었다고 보아야 한다. 그렇다면 계백의 전기를 정리한 당사자는 신라 사람들이었다는 뜻이 된다.

신라 사람들이 무엇 때문에 자신들이 멸망시킨 나라의 충신인 계백에 관한 기록을 특별히 챙겼을까? 그럴 만한 이유가 있었다. 비슷한 사례를 보면 쉽게 미루어 짐작해 볼 수 있다.

조선 중기의 사육신이나 조선 초기의 길재, 정몽주 등은 정권을 장악했던 당시 통치자들에게는 끝까지 저항했던 사람들이다. 그렇지만 이들은 당시 권력의 핵심에서 제거되었음에도 불구하고, 후세에는 권력투쟁에서 이겼던 사람들보다 더 유명해졌다.

왜일까? 권력을 잡고 이어 나아가야 하는 입장에서 생각해보면 답은 쉽게 나온다. 기득권을 잡고 나면 걱정되는 일이 생긴다. 바로 그 자리에서 밀려나는 사태다. 그런 사태가 발생하는 것을 막기 위해 이제는 통치자에게 충성하는 분위기를 만들어야 한다. 이율배반적인 일이다. 자신은 앞서 있었던 정권을 쫓아냈으면서도 자신에게는 그럴 생각하지 말고 충성하라고 해야 하니 말이다.

그러기 위해 사람들에게 심어주어야 할 메시지가 있다. 목숨 바쳐 충성하는 사람이 훌륭한 사람이라는 메시지다. 그렇기 때문에 통치자는 아무리 잘못된 사람이 들어서서 정치를 엉망으로 하더라도, 일단 충성하는 사람을 훌륭한 사람으로 만들어야 한다. 이런 메시지를 위한 모델이 필요하다. 시대마다 기울어져 가는 나라에 끝까지 충성과는 충신과 영웅 모델이 나오는 것도 우연이 아니다. 고려 말의 정몽주·길재, 조선 단종 때의 사육신 등 일일이 열거할 수 없을 정도다. 여기서 든 사례들만 해도 당사자들을 제거해버린 정권 내지 그 후계자들이 약간의 시간이 흐른 후 충신으로 인정해놓은 경우다. 계백도 이런 경우의 하나이다.

같은 나라에서 권력 투쟁을 하든, 남의 나라를 통치하든 기본적인 맥락이 크게 다르지는 않다. 여기서 여러 가지 명분이 나타나지만, 그런 것 중 하나가 충신(忠臣) 띄우기다. 어찌되었건 정권에 충성하는 사람은 일단 훌륭한 사람이라는 식으로 영웅 모델로서의 충신을 미화해놓을 필요가 있는 것이다. 그러려면 정권을 잡는 과정에서는 적이었다 하더라도 예외로 할 수가 없다. 오히려 잘 나아가던 정권에 편안하게 충성하던 충신보다 망해가던 정권이나 나라에 끝까지 충성했던 충신들을 더 띄워주어야 한다. 그래야 어떤 고난이 있더라도 충성을 해야 한다는 메시지를 전할 수 있다.

또 적이라도 훌륭한 행동을 한 것만큼은 높이 평가해준다는 아량을 보이는 의미도 있다. 이래저래 별로 손해 볼 것 없는 영웅 만들기가 되는 셈이다. 계백이 《삼국사기》에서 특별 취급을 받았던 이유도 다르지 않다. 물론 이런 작업은 통치권이 어느 정도 안정 궤도에 접어들었을 때 하는 것이 보통이다. 권력이 현재의 집권층에 넘어간 게 기정사실이 되어버리면 과거의 정권이나 나라를 되살리자고 나서기는 곤란해진다. 이런 식으로 해서 계백에 대해서는 얼마 되지 않는 기록이나마 남게 되었다고 할 수 있다. 이 점을 감안하면 계백에 대한 평가가 왜 좋게 나올 수밖에 없었는지도 드러나게 된다.

긍정적일 수밖에 없는 계백에 대한 평가

《삼국사기》열전에 등장하게 된 이유가 그렇다면, 그에 대한 평가는 대부분이 매우 긍정적일 수밖에 없다. 물론 전부가 그렇지는 않다. 계백에 대하여 유일하다시피 부정적인 평가를 내린 사람이 있다.

그 장본인은 조선 초기 성리학자로 《삼국사절요》를 편찬하는 데 참여했던 권근(權近)이다. 그의 평가를 보자.

> 계백이 명(命)을 받들고 장수가 되어 군사를 이끌고 장차 출정(出征)할 즈음에 먼저 그의 처자(妻子)를 죽였으니 그 무도함이 심하다. 비록 국난(國難)에 반드시 순절(殉節)할 마음은 있었으나 힘써 싸워서 적군(敵軍)을 깨뜨릴 계책이 없었으니 이는 먼저 그 사기(士氣)를 잃고 패배를 자취(自取)한 일이 된다. (중략)
> 계백의 광패(狂悖)하고 잔인하기가 이와 같았으니 이는 싸우기 전에 이미 패배한 것이었다. 다만 관창(官昌)을 사로잡아 죽이지 않고 돌려보냈으며, 패전함에 미쳐 항복하지 않고 순절(殉節)하였으니 옛날 명장(名將)의 유풍(遺風)이 있다고 하겠다. (하략)

하지만 권근의 이러한 평가는 후세에 뭇매를 맞다시피 했다. 최부(崔溥)와 안정복부터 시작해서 현대까지 이 문제를 입에 올렸던 사람 대부분은 권근을 질타하고 계백을 옹호하는 대열에 섰다. 이러한 대응을 총체적으로 정리해서 평가한 바는 이렇다.

국가의 존망을 가늠할 수 없는 위기 상황에서 계백은 사랑하는 처자를 자신의 손으로 죽였다. 이 행위는 가혹하다거나 지나치다는 평을 받을 수 있다. 그러나 이는 자신이 평소 견지해 온 명예를 중시하는 사생관의 산물로 보아야만 한다. 이러한 사생관은 일조일석에 길러지는 게 아니다. 오랜 세월에 걸쳐 연마되어 절체절명의 순간에 광채를 발하게 마련이다. (중략) 계백은 처자를 먼저 베임으로써 군사들에게 희생적 수범을 보여주는 동시에 군심(軍心)을 하나로 모을 수 있었다. (중략) 지도자는 희생적 수범과 무한 책임의식을 지녀야만 그 사회가 활력을 얻고 건강해지는 것이다. 계백이 5천 병력을 결사대화할 수 있었던 요인은 수범을 보인 살신성인적 희생정신 외에는 달리 보탤 게 없을 것이다.1

  이러한 분위기에서 계백에 대하여 의심하면 곤란해질 것 같다. 물론 권근처럼 '가족을 죽였으니 무도한 사람' 이라고 몰자는 뜻은 아니다. 그렇지만 용기를 내보기로 하자. 이렇게 칭송 일변도로만 나아가도 좋을 것일까?
  이러한 측면에서 한 가지 돌아볼 필요가 있는 부분이 있다. 계백이 한 일 중에서 유일하다시피 문제가 되었던 점이 '가족을 죽였다' 는 사실이다. 거듭 강조하지만 필자는 이 사실을 가지고 권근처럼 계백

---

1 살아있는 백제사, 이도학, 푸른역사, 2003

을 무도한 사람으로 몰 생각도 없거니와, 심지어 이 사실 자체를 가지고 재평가 같은 일을 해볼 생각도 없다. 여기서 다시 돌아보고자 하는 부분은 가족을 죽인 계백의 언행이 도대체 어떻게 기록으로 남았겠느냐는 점이다. 《삼국사기》 계백 열전에 의하면 가족을 죽일 때, 계백이 했던 말은 다음과 같다.

> 한 나라 사람이 당나라와 신라의 대군을 당해내야 하니 국가의 존망을 알 수 없다. 내 처와 자식들이 포로로 잡혀 노비가 될지 모르는데, 살아서 욕을 보는 것보다는 차라리 쾌히 죽는 것이 낫다.

이 장면을 두고 거의 대부분의 사람들이 '나라가 망할 것을 알았기 때문에 살아서 치욕을 보지 말라는 뜻'에서 이러한 선택을 했다고 생각한다. 지금까지 이 말을 의심하는 사람은 거의 없었다.

계백의 말, 정말 계백이 했을까?

그런데 좀 이상하다는 생각이 들지 않는가? 도대체 누가 이 말을 전했을까? 곧이어 전사했다는 계백이 전장으로 나아가면서 '내가 이런 말을 하면서 가족을 죽였다'며 떠벌였을 것 같지는 않다.

그렇다면 이 말은 계백의 주위 사람들이 듣고 기억해놓았다가 전했다고 해야 한다. 그렇지만 이것도 이상하다. 계백이 가족을 죽이면서 그 자리에 측근이라도 대동했을까? 정상적인 사람이라면 가족을 죽이는 일은 매우 가슴 아픈 일이다. 그런 자리에 다른 사람을 데리고 들어가 자신의 말과 행동을 일일이 보여주었을까? 계백이 가족을 죽이는 걸 자랑스럽게 생각하지 않는 한, 집까지 같이 간 측근이 있다 하더라도 밖에서 기다리게 하고 집안으로 들어가 조용히 가족을 죽이고 전장으로 향하는 것이 일반적인 심리다.

또 어쩌다 그 장면을 보고 기억해 둔 측근이 있었다 하더라도 그렇다. 계백이 충신으로 길이길이 추앙받을지 알 수 없었던 당시 상황에서 '우리 장군께서 이런 말씀하시면서 가족을 죽이셨다' 며 알리고 다녔을 것 같지는 않다.

그렇다면 가족을 죽이면서 계백이 했다는 말은 도대체 어떻게 해서 남은 것일까? 여기서 또 다른 가능성을 하나 제시해 볼 수 있다. 《삼국사기》(사실상 《삼국사기》 편찬자가 참조했던 원사료까지 해야겠지만)에서 설정한 계백의 이미지를 감안해보자. 망해가는 나라에 끝까지 충성을 바치며 질게 뻔한 전장으로 향했던 비운의 장군. 이렇게 정리하면 큰 문제가 없을 것 같다.

문제는 여기서부터다. 계백의 이미지를 이렇게 설정한 이상, 그의 행동도 그것에 걸맞게 쓰려는 심리가 작용할 수 있다. 그러려면 계백의 행동에 뭔가 극적인 요소를 부여하려 하기 쉽다. 질 것이 분명한 전장으로 나아가서 그냥 전사하고 말았다는 스토리로 그친다면 열전에 등장하는 인물의 활약치고는 뭔가 밋밋하다. 그러니 계백을 강조하기 위해서는 가망 없는 전장에 나서는 장군의 심정을 보여줄 만한 에피소드가 스토리 전개상 절실하다.

물론 드라마도 아닌 역사서에, 그것도 술이부작(述而不作)을 원칙으로 강조하는 바람에 간략하게 사실만 써대는 경향을 가지고 있는 《삼국사기》에 이렇게 없는 말을 만들어 넣기야 했겠느냐는 생각을 할 법도 하다. 《삼국사기》라는 역사서만 떼어놓고 생각하면 당연한 반응이다.

이 경우는 기록이 남아 있는 《삼국사기》 자체보다 《삼국사기》를 편찬하는 과정에서 편찬자들이 참고했던 원자료에서 생겨났을 가능성이 크다. 한 번 더 강조하자면, 금방 망해버린 백제에서 계백에 대한 기록을 공식적으로 편찬한 역사에 남겨 놓았을 리는 없다. 그렇다면 《삼국사기》 열전에 계백에 대한 기록이 남게 된 이유는 하나밖에 없다. 신라 사람들이 적장(敵將)이었던 계백에 대하여 자기들이 알고 있거나 백제 출신들에게서 들은 이야기들을 모았고, 이것이 남아 《삼국사기》 편찬자들에게 전해졌던 것이다. 이 과정에서 '떡은 갈수록 떼이고, 말은 갈수록 보태진다'는 속담처럼 계백이 했다는 말이 이때 슬쩍 보태져서 들어가는 게 그리 이상한 일은 아니다. 그렇게 남은 기록은 《삼국사기》라는 역사서의 성향과는 완전히 별개일 수 있다. 물론 아무리 원칙을 강조한다 하더라도 실제로 원칙대로 했다는 보장도 없으니,《삼국사기》편찬 때에 삽입되었을 가능성이 적더라도 완전히 배제할 필요는 없겠다.

어쨌든《삼국사기》열전에 수록시키는 데 인색했던 백제 사람 중 계백에게만 예외를 두었다는 점에 대해서는 이미 언급했다. 한마디로 말해서 계백은 충신·열사의 표상으로 내세워진 인물이다. 이런 의도로 계백을 내세웠다면 그 과정에서 업적이나 행적에 말이 보태지기 쉽다. 이렇기 때문에 백제가 망했다는 결과를 알고 있는 후대 사람들이 계백의 열전을 정리하면서 사실과 다른 내용을 집어넣었을 가능성을 염두에 두어야 한다.

계백이 정말 전황을 비관했을까?

계백이 가족을 죽이면서 했던 말을 의심하는 것은 단순히 말이 남게 된 과정에만 의구심이 있어서가 아니다. 계백이 가족을 미리 죽여야 할 만큼 당시 백제가 비관적인 상황이었는지가 더 의심스러운 것이다. 그 근거는, 나중에 사비성이 나당연합군에게 포위된 상태에서 나왔던 태자의 아들 문사(文思)의 말에서 찾을 수 있다.

문사가 중요한 말을 하게 된 배경은 이렇다. 나당연합군이 사비성으로 몰려오자, 의자왕은 사비성의 방어책임을 둘째 아들인 태(泰)에게 맡기고 웅진성으로 피신했다. 그러자 태는 이 틈에 왕위를 차지했다. 문사는 바로 이렇게 사비성이 포위된 다음 방어책임을 맡은 숙부(叔父) 태가 자기 손으로 왕관을 써버린 상황에서 왕족을 비롯한 백제 지도층을 선동했던 것이다. 그때 했던 말은 이렇다.

"왕과 태자가 [성을] 나갔는데 숙부가 멋대로 왕이 되었습니다. 만일 당나라 군사가 포위를 풀고 가면 우리들은 어찌 안전할 수 있겠습니까?"

이 말을 그럴듯하게 여긴 왕족들이 성에 밧줄을 걸고 탈출하자, 측근들이 따라가고 여기에 백성들까지 가세하는 바람에 사비성은 전투도 제대로 해보지 못하고 황당하게 함락되어버린 것이다.

이 말이 무슨 뜻일까? 포위된 상태에서도 문사를 비롯한 왕족들이 걱정한 사태는 나당연합군에 의하여 성이 함락되는 게 아니라, 그들이 '포위를 풀고 가면' 반역에 가담한 죄로 처벌당하는 상황이었던 것이다. 즉 사비성이 포위된 상황에서조차 이 전쟁에서 져서 백제가 망할 일은 없다고 판단했던 셈이다. 여기서 문사의 말을 의심해야 할 근거는 보이지 않는다. 그의 말을 행동으로 옮긴 여파로 사비성은 어이없이 함락되고, 결국 백제가 망하는 도화선이 되었다. 문사의 말이 있지도 않은 것이었다면 사비성이 함락된 원인 자체를 누군가가 조작했다고 보아야 하는데, 그럴만한 이유가 지적된 적은 없다.

오히려 이 말은 중국 쪽 사서(史書)인 《구당서》와 《신당서》에도 나온다. 있지도 않은 이야기가 계열이 완전히 다른 역사에 수록되기는 어렵다. 그렇기 때문에 문사의 말을 의심할 필요는 없다.

　이렇게 중요한 원인이 된 말은 여러 사람이 듣고 빠르게 전해지기 마련이다. 여기서 왕자 문사의 판단과는 완전히 상반된 계백의 판단이 비교되어야 한다. 가족을 미리 죽일 만큼 전황을 비관했던 계백의 판단이 실제로 있었던 것인지 의심할 수밖에 없는 것이다.

　우선 문사를 비롯한 백제 왕족들이 근거 없는 판단을 할 리가 없다. 나중에 반역에 연관되어 처벌당하는 사태를 피하려 선택한 길이 나당연합군에 망명하는 일이다. 일단 그들의 포로가 되는 셈이다. 사비성이 함락될 것 같이 급박한 상황이었다면, 오히려 '나중에 나당연합군이 포위를 풀고 물러간 이후의 사태'가 걱정스러워 자기 발로 포로가 되는 길을 선택했을 리가 없는 것이다.

　의자왕이 미리 웅진성으로 피신한 것도 마찬가지다. 만약 사비성이 함락된다 하더라도 어떻게든 이후 수습을 도모해보려는 의도가 있었으니, 최고통치자가 수도방위의 책임을 둘째 아들에게 떠넘기는 무리를 감수하고 피신했을 것이다.

　그렇다면 이게 무슨 뜻이 될까? 적어도 나당연합군의 침공에 대항했던 최고 수뇌부인, 의자왕과 왕족들은 이번 침공 자체로 백제가 망한다는 생각을 하지 않았다는 얘기다. 그런데도 계백만큼은 심하게 비관을 했다? 뭔가 이상하다. 계백은 당장 최전방으로 군대를 이끌고 나아가 전투를 치러야 할 야전사령관이었다. 실제로 부대를 지휘하는 야전사령관이라면, 최고 수뇌부 못지않게 전황을 정확히 파악할 수 있는 위치에 있다. 오히려 수뇌부가 야전사령관의 판단과 보고를 통해 전황을 파악하는 게 보통이다. 그런데 그런 입장에 있는 야전사령관이 수뇌부인 왕족과 다르게 전황을 비관했다는 얘기다. 당장 병력을 이끌고 전투를 치러야 할 야전사령관이 기본적인 상황도 읽어내지 못해 쓸데없는 비관을 했다는 뜻이 된다. 과연 계백이 그런 정도의 인물밖에 못 되었을까? 그렇다고 하기는 곤란하다.

계백이 이끌었던 부대는 결사대가 아니었다

많은 사람들이 이런 얘기에 혼란을 느낄 것이다. 그도 그럴 것이 대부분의 사람들은 계백이 이끌고 나아간 백제군 부대를 '결사대'라고 알고 있다. 결사대라는 말의 사전적 의미는 '죽기를 각오하고 있는 힘을 다할 것을 결심한 사람으로 이루어진 부대나 무리'다. 그렇기 때문에 계백의 부대는 당연히 황산벌 전투의 패배 이후 거기서 뼈를 묻었을 것이라고 생각한다.

하지만 사실은 그렇지 않다. 《삼국사기》 의자왕 20년 기록에 비교적 명확하게 나타난다.

(상략) 장군 계백(堦伯)을 보내 결사대 5천 명을 거느리고 황산(黃山)에 나아가 신라 군사와 싸우게 하였다. [계백은] 네 번 크게 어울려 싸워[會戰] 모두 이겼으나 군사가 적고 힘도 꺾이어 드디어 패하고 계백도 죽었다. 이에 군사를 합하여 웅진강(熊津江) 입구를 막고 강변에 군사를 둔치게 하였다. 정방(定方)이 왼편 물가로 나와 산으로 올라가서 진을 치자 그들과 더불어 싸웠으나 (하략)

이 기록을 보면 계백의 부대가 황산벌 전투에서 패배한 후, 백제 측에서 생존 부대원들을 수습하여 백강 방면의 전투에 투입했음이 드러난다. 즉 신라군과의 전투에서 밀리게 되니까, 나머지 병력을 보존해서 다음 전투인 백강 방면에 투입했다는 것이다. 이 말은 무슨 뜻일까? 계백이 이끌고 나아간 백제군 부대는 '여기가 뚫리면 끝장이니, 지면 그 자리에서 뼈를 묻어라'는 식의 '결사대'가 아니었다는 얘기다. 그랬음에도 불구하고 많은 사람들이 이 내용을 주목하지 않은 이유는 앞에 '결사대 5천'이라는 말이 들어가 있기 때문일 것이다.

바로 단어 몇 개에 전체 해석이 휘둘리는 역사해석의 전형이라고 해야 한다. '결사대 5천'이라는 말 한마디에, 나머지 기록에 나타나는 전체적인 전황을 살펴볼 생각조차 하지 않았다는 이야기가 된다.

그런데 왜 이런 말이 들어가 있을까? 앞 뒤 정황을 보면 계백의 부대는 분명히 결사대가 아니다. 그런데도 불구하고 이런 말이 들어가 있는 이유도 분명하다.

　망해가는 나라에 끝까지 충성을 바치며 질 것이 뻔한 전장으로 향했던 비운의 장군. 이런 장군이 이끌고 나아갔던 부대가 알고 보니 상황에 따라 '질서 있게 후퇴해서 다음 전투에 투입되었다'는 식으로 이야기가 전개되면 어떻게 비칠까? '비장한 각오로 전장으로 향하여 산화했다'는 식의 이미지는 빛이 바래져버릴 수밖에 없다. 그런 사태를 막아주는 한마디가 바로 '결사대'라는 낱말이다. 즉 계백의 이미지에 일관성을 부여하기 위해서, 상황을 무시하고 넣은 단어가 바로 '결사대'이다.

　많은 사람들이 쉽게 생각하고 있는 것처럼, 5천이라는 병력도 당시에는 그리 호락호락한 규모가 아니다. 보통은 현대의 군대 규모와 비교하게 되니까 5천 병력이라 하면 일단 우스워 보일 수 있다. 그렇지만 당시 병력 동원 기록을 기준으로 보면 사정이 다르다. 당시 기동부대를 보냈을 것이라고 판단되는 상황에서 백제나 신라의 경우 보통 3천 정도의 병력이 표준으로 나타난다. 백제가 4만을 동원했다는 기록이 나타나기는 하지만, 너무 쉽게 패배한 점으로 미루어 보아 정예 기동부대라고 보기는 어려울 것 같다.

　이런 기록을 제외하고 보면 5천 병력은 기록상 백제가 동원했던 기동부대로서는 최대치라고도 볼 수 있다. 이 병력을 빼고도 백강에 배치된 부대가 따로 있었으니, 당시 백제가 동원했던 총병력의 규모도 그리 적은 수준이 아니다. 또 백제군 5천을 우습게 만들어버린 또 다른 이유는 상대했던 신라군이 5만이라는 점이다. 그러니 상대적으로 백제군의 규모가 작아 보인다. 그런데 여기도 허점이 있다는 사실은 거의 알려지지 않았다.

보통 사람들은 병력의 수를 모두 전투를 치르는 군사만 센 숫자인 줄 안다. 그러나 병력은 어떤 기준으로 세느냐에 따라 천차만별로 차이가 난다. 전투요원이 아닌 숫자가 제법 되기 때문이다. 사실 규모가 큰 부대일수록 전투 병력만으로 운용할 수는 없다. 군대가 전투를 치르기 위해서는 기본적으로 식량 같은 보급품 공급을 담당하는 인원, 부상당하거나 병든 병사를 치료하는 인원 등 전투에 참여하지 않으면서도 부대를 유지하는 데 필요한 인원이 있게 마련이다. 이런 인원을 두지 않고 만 명 단위가 넘는 부대를 함부로 끌고 나아갔다가는 며칠 견디지 못하고 자체 붕괴되기 쉽다.

이때 신라군의 경우에도 5만 전체가 모두 전투병사였을 리는 없다. 백제 영토로 들어오면서, 부대가 소모할 막대한 보급품을 모두 전투병사들이 들고 갈 수는 없기 때문이다.

이런 인원은 막상 전투가 벌어지면 별 도움이 되지 않는다. 여러 가지를 다 고려하면 계백과 김유신의 전투에서 실제 전투 병력의 차이는 단순히 기록에 나오는 대로 5천:5만이라는 비율은 아니었을 것이다. 이러한 점을 무시하고 생겨난 황산벌 전투에 대한 신화적 인식은 다른 문제 해석에도 많은 악영향을 끼칠 수밖에 없다.

《삼국사기》에 '결사대'라고 쓰여 있는 점 때문에 혼선이 생긴 셈이다.《삼국사기》에는 무엇 때문에 결사대가 아닌 부대를 결사대라고 써놓았을까? 바로 이 부분이 문제다.《삼국사기》 편찬자들이 편견에 사로잡혀 있었다는 점을 보여주고 있기 때문이다. 이래서 술이부작(述而不作)이라는 원칙이 지켜진다고 해도 100% 완벽하다고 할 수는 없다.

계백의 가족들이 죽게 된 과정을 달리 해석하는 경우도 있다. 장군의 전사소식을 듣고 따라서 자결했던지, 신라군에게 저항하다 죽음을 당했을 가능성을 지적하는 경우도 있는 것이다. 이것이 뒤에 신라에게 유리하도록 와전되었거나 백제의 사회 분위기 및 계백장군에 대한 인상을 강조하기 위해 의도적으로 왜곡시켰을 가능성에 대한 부분으로 연결된다.

칭송만이 능사일까?

가족을 죽인 것과는 상관없이, 계백은 현재 훌륭한 인물로 추앙받고 있다. 일단 충절을 지킨 인물이라는 점에서 납득할 수 없는 기준은 아니다. 그러나 계백을 추앙하는 사람들은 이 점만으로 만족하고 싶어하지 않는 것 같다. 그래서 계백에 대한 칭송으로 추가되는 것이 '명장(名將)'이라는 타이틀이다. 사실 많은 사람들이 계백을 존경하는 이유 중 하나가 바로 명장이었다는 인식 때문일 것이다. 그런데 이 부분이 다른 방향으로 작용할 수도 있다.

군대를 지휘한 장군으로서의 업적을 남긴 인물이니, 명장이었다고 해야 존경받을 가치가 있는 인물로 여길 수 있기 때문이다. 그렇지만 계백을 명장으로 여기려는 사람들에게는 불행히도, 지금까지 남아 있는 계백의 활약상이라고는 백제의 5천 병력을 이끌고 황산벌에서 신라군과 전투를 벌였다는 것밖에 없다. 이 사실만 가지고는 계백의 업적을 칭송하는 데에도 한계가 생긴다. 그러다 보니 바람직하지 못한 경향도 생긴다. 별 이유 없이 명장으로 만들어내려는 유혹을 느끼기 쉽기 때문이다.

물론 계백을 명장이라고 하는 평가 자체에 반대하고 싶은 생각은 없다. 만만치 않은 신라군 병력을 상대로 4번의 전투를 승리로 이끌었다는 기록으로 미루어보면 무능한 장군은 아니었다. 하지만 평가를 할 때에는 그에 합당한 근거를 제시해야 진정성이 살아난다. 근거 없이 칭송만 하는 게 능사는 아니다. 그런 차원에서 평가의 근거가 타당한지는 한 번 따져볼 필요가 있다. 실제로 문제가 될 만한 사례가 있는 듯하다.

계백이 지세를 이용할 줄 알고, 군사들의 사기를 올려 열 배나 되는 병력을 한동안 물리칠 수 있었던 명장이라는 주장이다. 또 인화(人和)를 추구할 줄 알고, 관창 같은 신라군도 살려주는 인정도 있었던 사람이라고 칭송도 한다. 그래서 충신 중에서도 으뜸으로 꼽을 수 있다고까지 했다. 계백은 황산벌에서 목숨을 바쳐 영광을 얻은 장수라는 것이다. 그런데 하나하나 뜯어보면 계백이 명장이었다는 근거로 삼기에는 곤란해 보이는 요소들이 있다. 이 점을 확인하기 위하여 계백을 명장으로 치켜세운 근거들이 얼마만큼 타당성을 가지고 있는지 하나하나 살펴보기로 한다.

지세를 잘 이용했다?

우선 계백이 지세(地勢)를 잘 이용했기 때문에 명장이라는 평가부터 보자. 넓은 들판에서 열 배나 되는 대군을 정면으로 상대할 수는 없어, 험한 곳을 이용해 세 개의 군영(軍營)을 설치하고 기다렸다는 점을 높이 평가하는 것이다. 여기에 《손자병법》도 인용했다. '미리 충분한 준비가 되어 있는 자가 준비 되어 있지 않은 자를 공격하면 반드시 이긴다' 는 이론을 따른 것으로 보인다. 《손자병법》만으로 만족하지 않고 《손빈병법》도 인용했다.

《삼국사기》계백 열전에 '황산벌에 이르러 세 진영을 설치하고' 라고 간단하게 나온 구절을 근거로, 이 사실을 대단하게 평가한다. 3개의 군영을 설치한 것을 두고 '유능한 장수는 먼저 유리한 지형을 선점하고 그 지형에 따라 적절한 진영을 짜야 한다. 또 적과 교전할 때에는 3분의 1 병력으로 전투를 하고 나머지 진영은 뒤쪽에서 적을 공격할 기회를 노리게 한다'고 주장했다. '용병과 작전에 뛰어난 장수란 먼저 유리한 지형을 차지하고 유리한 태세를 갖추어 전투하는 자를 말한다'고 했는데, 이에 비추어 계백은 뛰어난 병법가였다는 설명이다.

안정복의 인용도 빼놓지 않았다. '계백이 험한 곳에 의지해서 군영을 설치한 것은 지(智)의 표상이라 했다'는 말이다. 이러한 인용을 통하여 최종적으로 내린 결론은 이렇다.

'용기와 지모 어느 한쪽이라도 부족한 장수가 전쟁에서 승리하기는 어렵다. 민심을 하나로 통일시키는 데 만족할 게 아니라 난국을 타개할 수 있는 통찰력을 갖추고 있어야 한다.'

여기에 덧붙여진 내용도 있다. 이전에 나타났던 백제의 성공적인 군사작전과 명장들을 소개하며 '이런 점에 비추어 볼 때, 험한 곳에 의지하여 3개의 군영을 설치하고 4번 싸워 모두 이길 수 있었던 것은 계백 개인의 능력뿐 아니라 백제인들이 익혀왔던 병법에 힘입은 바 실로 컸던 것으로 판단된다'는 결론이다.

그런데 조금만 더 생각해보면 뭔가 지나치다는 느낌을 받게 된다. 우선 '지세(地勢)를 잘 이용해야 한다'는 점부터 보자. 이런 점을 모르는 지휘관도 있을까? 그런 자가 있다면 이미 지휘관의 자격이 없는 사람이라고 해야 한다. 사실 이 자체로는 너무나 당연한 말이라 군인들에게 강조하기도 민망할 정도다.

황산벌 전투의 경우만 하더라도 그렇다. 수적으로 우세한 상대에게 험한 지형을 놔두고 넓은 들판에 진을 치는 지휘관이 있을 리 없다. 그러니 이럴 때 험한 지형에 진을 친 것 자체로 칭송할 만한 일은 아니다. 실전에서 불리한 지형에 몰려 고전하는 경우가 제법 나오기는 한다. 하지만 대부분의 경우는 지형의 중요성을 몰라서가 아니다. 보통은 다른 요소들까지 복잡하게 고려해야 하는 지휘관이 어쩔 수 없는 사정에 몰리거나 다른 요소를 먼저 챙기다가 생기는 게 대부분이다.

또 '3개의 군영을 설치했다'는 근거도 마찬가지다. 전쟁사에 별 관심 없는 사람들은 3개의 군영을 설치했다는 게 무슨 특별한 전략인 줄 알 것이다. 하지만 이 역시 알고 보면 거의 교과서적인 전술일 뿐이다. 오늘날까지도 이런 진법은 종종 운용된다. 병력을 셋으로 나누어 운용하게 되는 이유는 대략 이렇다. 우선 그 자체로 완결된 운용이라는 말을 하곤 한다. 중군과 좌·우군으로 나누어 배치할 수도 있고, 중군을 중심으로 앞뒤로 배치할 수도 있으며, 중군이 후방으로 빠져 예비대 역할을 할 수도 있다. 그래서 요즘도 3개 소대가 1개 중대, 3개 중대가 1개 대대, 3개 대대가 1개 연대라는 식으로 편제를 맞추는 경우가 대부분이다.

물론 병력운용은 반드시 셋으로 나누어야만 하는 것은 아니다. 넷으로 나눌 수도 있고, 다섯으로 나눌 수도 있다. 하지만 이는 전쟁 경험이나 문화적 이유 등 여러 요인 때문에 선택하는 것일 뿐 본질적인 문제는 아니다. 그러니까 계백은 이런 기초적인 진영 중 하나를 짜고 운용했을 뿐이지, 이 자체가 특별한 능력을 발휘한 것은 아니다.

사실 지휘관의 능력이 발휘되는 것은 전투가 벌어지기 전후해서다. 우선 극단적으로는 상반되게 올라오는 보고들을 잘 종합해서 적의 주공이 어느 지점을 공격하는지 등의 상황을 정확하게 파악한 다음 적절한 조치를 취해야 한다. 하지만 이것이 말처럼 쉬운 일이 아니다. 그렇기 때문에 지휘관의 능력은 이렇게 어려운 일을 얼마큼 훌륭하게 수행하느냐에서 나타나는 게 보통이다. 그런데 계백의 경우 이 과정에 대한 기록이 거의 없다. 남은 것이라고는 '황산벌에 이르러 세 진영을 설치하고' 라는 구절과 [계백은] 네 번 크게 어울려 싸워[會戰] 모두 이겼으나 군사가 적고 힘도 꺾이어 드디어 패하고' 라는 내용이 거의 전부라고 해도 지나친 말이 아니다.

이것만 가지고는 '선전한 결과를 보니, 과정도 좋았겠거니' 라고 추측해보는 데에 불과한 것이지 계백의 지휘능력이 정말 뛰어났음을 보여주는 직접적인 증거라고 하기는 곤란하다. 하물며 '3개의 군영을 설치했다' 느니, '지세를 잘 이용했다' 는 정도로 명장이라고 치켜세우는 건 무리다.

단순하게 드러난 사실만 가지고 지휘관을 무능한 사람으로 만들거나 명장으로 띄우는 일은 신중하지 못한 처사라는 얘기다. 특별히 지형 이용을 가지고 명장으로 평가하려 한다면, 대부분의 지휘관들이 생각도 하지 못했던 지세를 이용했다는 점을 보여줘야지 무조건 '지세를 이용했다'며 칭송만 늘어놓는 것이 제대로 된 평가인 것 같지는 않다.

훈시를 잘 했으니 명장?

감동적인 훈시로 군사들의 사기를 올렸다는 내용도 고려해볼 부분이다. 전장으로 떠나기 전 계백이 "옛날 구천(句踐)은 5천 명으로 오나라 70만 군사를 격파하였다. 오늘은 마땅히 각자 용기를 다하여 싸워 이겨 나라의 은혜에 보답하자"고 했다고 한다. 군사들에게 반드시 승리한다는 확신을 불어넣어 적을 두려워하지 않고 용감히 대적하게끔 사기를 불러일으키는 내용이라는 것이다.

계백은 전쟁에 임해서 군사들의 마음을 감동시키는 한편, 비장감을 갖도록 해서 불리한 형국이었지만 승리를 유도했고, 허장성세가 아니라 실제로 자신의 맹세를 지켰다는 뜻이 되겠다. 여기서도 싸움에 임해서 무리에게 맹세한 것은 신(信)에 해당된다는 안정복의 인용도 빼놓지 않았다.

그런데 이 장면도 조금 생각해보자. 군대에 갔다 온 남자들이라면 지휘관의 훈시는 지겹도록 들어보았을 것이다. 꼭 이런 경험이 아니더라도 사회생활을 하면서 직위가 높은 상사의 연설을 들어볼 기회는 많다. 그런데 그런 연설이 마음 속 깊이 와 닿던가?

'계백의 맹세는 무사로서의 결연한 임전무퇴(臨戰無退)의 정신을 반영해준다'는 말 정도는 어느 정도 납득할 수 있는 측면이 있다. 하지만 장군의 의지가 아무리 강하더라도 병사들의 입장과는 대개 다르다. 쉽게 생각해 학교나 직장에서 높은 사람들이 아무리 강력한 의지를 보여준다 하더라도, 아랫사람들 귀에는 그저 잔소리로밖에 들리지 않는 심리와 크게 다를 바 없을 것이다. 더욱이 이때는 황산벌로 출동하기 직전인 상황이다.

백제군 병사들의 입장에서 생각해보자. 전황이 유리하건 불리하건 최전선에 투입되는 병사들은 목숨의 위협을 느낀다. 이런 상황에서 아무리 멋있는 말을 하더라도 몇 마디나 귀에 들어갈까? 사실 결전을 앞두고 있는 병사들에게 지휘관의 훈시 같은 건 귀에 잘 들어오지도 않는다. 당장 사지(死地)로 가야하는 상황에 '나라를 위해 싸우자'는 식의 훈시에 감동받을 병사가 얼마나 될지 모르겠다.

이때의 훈시라는 것은 불안해할 수밖에 없는 병사들을 다독이거나 공포를 없애기 위해 선동하는 정도인 것이지, 멋있는 명언 같은 말이 통할 상황이 아니다. 중요한 전쟁을 앞두고 지휘관이 병사들에게 훈시(訓示)를 하는 건 일상적인 일이다.

휴머니즘이 가득한 전장?

이런 것보다 더욱 이해하기 어려운 부분이 계백의 휴머니즘을 강조한 내용이다. 우선 계백의 휴머니즘을 칭송한 말부터 보자. '신라 군대는 광기 어린 군중 심리를 이용했던 반면 계백은 이런 전체주의적 전쟁 방식을 배제하고 모두가 승리를 누리게 하려는 휴머니스트'라고 했다.

그런데 이런 내용과 같이 '네 번 싸워 이긴 것은 용(勇)'이라는 안정복의 말과 전장의 선두에서 작전을 지휘하며 네 번이나 거듭 승리했다는 평가가 이어진다. 전쟁, 특히 맞붙어 상대를 죽여야 하는 고대 전쟁의 특징을 무시하며 나온 발상인 듯하다. 조금만 생각해보자. 순박하게 살던 사람들이 칼이나 창 같은 흉기로 사람을 찔러 죽이는 일이 쉽게 할 수 있는 일로 보일까? 더구나 자신도 같은 방법으로 죽을 수 있다.

이런 전투에 편안한 마음으로 참가할 수 없는 것이 사실이다. 즉 '광기 어린 군중 심리'가 아니면 적을 죽이는 건 고사하고 전장에서 버티는 것 자체가 어려운 게 바로 전쟁이다. 전쟁이라는 것 자체가 인간성의 바닥까지 내려가는 사태다. 계백이 아무리 인간미 넘치는 장군이라 해도, 휴머니즘 넘치는 행동만 가지고는 병사들을 처절한 살육이 벌어지는 전쟁터로 몰아넣을 수는 없다. 이런 곳에서 일개 병사도 아닌, 부대 전체를 지휘하는 장군이 휴머니즘을 가지고 있을 여유가 있는지 의문이다.

그런데도 계백은 전쟁터에서 휴머니스트로서의 면모를 발휘했다고 한다. 그 대표적인 사례가 바로 신라 화랑 관창을 살려서 돌려보낸 사건이다. 이 사건을 두고 남의 자식을 살려준 계백의 넉넉한 품새가 크게 돋보이는 장면이라고 한다. 여기서 계백이 어린 장수 관창을 생포했지만, 살려주었던 것은 측은지심(惻隱之心)의 발로가 아니라 살생유택(殺生有擇)에 가깝다.

아무나 죽이는 게 아니라 가려서 죽인다는 점을 보여주었다는 말이 된다. '그물에 걸려든 치어(稚魚)들을 방생하는 것과 같은 넉넉한 금도(襟度)를 말해주는 듯하다'며 계백의 어진 심성을 칭송한다. 여기에 '계백의 너그러운 태도는 오늘날까지 훈훈한 향기로 남아 감동을 준다'는 말까지 덧붙인다.

그런데 정말 이렇게 칭송 일변도로 나아가도 좋은 사례일까? 관창을 사로잡았다가 풀어주게 된 사건을 떠올려보자. 《삼국사기》에는 그 장면이 이렇게 기록되어 있다.

> 황산벌에 이르러 양쪽의 군대가 서로 대치하자 아버지 품일이 말하기를 "너는 비록 어린 나이지만 뜻과 기개가 있으니 오늘이 바로 공명을 세워 부귀를 취할 수 있는 때이니 어찌 용기가 없을손가?" 하였다.
> 관창이 "예" 하고는 곧바로 말에 올라 창을 빗겨들고 적진에

곧바로 진격하여 말을 달리면서 몇 사람을 죽였으나 상대편의 수가 많고 우리 편의 수가 적어서 적의 포로가 되었다. 포로로 백제의 원수(元帥) 계백의 앞에 끌려갔다. 계백이 투구를 벗게 하니 그가 어리고 용기가 있음을 아끼어 차마 죽이지 못하고 탄식하기를 "신라에는 뛰어난 병사가 많다. 소년이 오히려 이러하거든 하물며 장년 병사들이야!" 하고는 살려 보내기를 허락하였다.

관창이 [돌아와서] 말하기를 "아까 내가 적지 가운데에 들어가서 장수의 목을 베지 못하고 그 깃발을 꺾지 못한 것이 깊이 한스러운 바이다. 다시 들어가면 반드시 성공할 수 있다." 하고 손으로 우물물을 움켜 마시고는 다시 적진에 돌진하여 민첩하게 싸우니 계백이 잡아서 머리를 베어 말 안장에 매어 보내었다.

[아버지] 품일이 그 머리를 손으로 붙들고 소매로 피를 닦으며 말하기를 "우리 아이의 얼굴과 눈이 살아 있는 것 같다. 능히 왕실의 일에 죽었으니 후회가 없다" 하였다. 전군[三軍]이 이를 보고 용기를 내어 뜻을 세워 북을 요란하게 쳐 진격하니 백제가 크게 패하였다.

관창보다 앞서 똑같은 행동을 했던 반굴의 경우도 다음과 같이 기록되어 있다.

황산벌에 이르러 백제 장군 계백을 만나 싸움이 불리하여지자 흠춘이 아들 반굴을 불러 말하였다. "신하로서는 충성이 제일 중요하고 자식으로서는 효가 제일 중요하다. 위험을 보고 목숨을 바치면 충과 효가 모두 이루어진다." 반굴이 "예! 그렇게 하겠습니다"하고는 적진에 들어가 힘껏 싸우다 죽었다.

휴머니즘으로 둔갑한 전략적 계산

여기 나타난 상황을 정리해보자. 신라의 화랑 하나가 갑자기 혼자서 백제군 진영으로 달려들어 백제 병사들과 싸움을 벌이다 잡혔다. 이때 계백의 머리 속에 무슨 생각이 떠올랐을까? 단순히 기록에 나오는 대로 어린아이라 측은하다는 생각밖에 들지 않았을까?

관창을 살려준 사실을 두고 계백의 어진 심성을 강조했던 주장에서 감안해야 할 점이 있다. '출정하면서 자기 자식을 무정하게 베였던 계백이 아니었던가?' 라고 한 부분이다. 물론 가족을 죽였다는 말이 사실인 것 같지는 않다. 설혹 그것이 사실이라 하더라도, 계백은 가족까지 다 죽일 정도로 결의를 다진 사람이라는 얘기다. 사실 측은 지심을 따지자면 자기 자식이나 부하들에게 느끼는 것이 먼저이다.

그런 것을 다 뿌리치고 전쟁터로 달려와 처절한 전투를 벌이던 사령관이 갑자기 신라 화랑에게 측은지심을 느꼈다는 것은 다시 생각해 볼 문제이다.

이런 화랑이 들어올 때마다 맞서 싸우던 백제군이 죽거나 다쳐 나아간다. 그런데도 신라 화랑의 목숨만 불쌍해보였을까? 적군의, 그것도 자기 부하를 죽이려고 돌격해 온 신라 화랑에게 측은지심을 느꼈다는 것도 뭔가 일관성이 없어 보인다.

냉정하게 당시 상황을 검토해보자. 어린 화랑이 혼자 달려들어 백제군을 죽이겠다고 칼을 휘둘렀다. 관창이 처음도 아니다. 먼저 반굴(盤屈)이 혼자 백제군 진영으로 달려 들어와 싸우다 죽었을 때만 해도 큰 문제없이 넘겨버렸을 수 있다고 치자. 그런데 그런 병사가 또 하나 달려들어 온다. 이쯤 되면 계백뿐 아니라 웬만큼 눈치가 없는 지휘관이 아닌 한 신라 쪽에서 무슨 작정을 하고 젊은 화랑을 혼자서 보내는지 알아보지 않을 수가 없다.

그럼 어떤 생각을 해볼까? 신라 쪽에서 보낸다고 계속 죽이기만 하다가는 결국 김유신이 원하는 대로 장단을 맞춰주는 상황이다. 한 번쯤은 '너희 작전을 알고 있다'는 메시지를 줄 필요가 있다. 그래서 관창을 살펴 보냈을 것이라는 해석이 가능하다.

물론 김유신이라고 만만하게 받아줄 수는 없다. 황산벌에서 발이 묶이는 날이면 당나라 군대와의 연합작전도 틀어질 수밖에 없다. 이왕 반굴부터 시작해서 줄줄이 사지로 내몰아버리는 판을 벌인 이유도 짐작해 볼 수 있다. 휘하 장군들에게 "죽을 각오로 싸워서 돌파하겠느냐, 아니면 네 아들들 하나씩 죽음으로 몰아넣겠느냐?"라며 독촉하는 의도도 있었을 것이다.

김유신으로서는 선택의 여지가 없었을 것이고, 관창 역시 구구하게 설명하지 않더라도 알았을 것이다. 자기가 왜 혈혈단신(孑孑單身)으로 적진에 달려 나아가야 했는지 모를 정도로 생각이 짧았다면 애초부터 적진으로 뛰어들지도 않았을 것이다.

이렇게까지 나오는 데야 계백으로서도 어쩔 도리가 없다. 자기 부하들이 계속 죽어 나아갈 것까지 각오하고 관창을 살려 보낼 수는 없는 노릇이다. 결국 관창을 죽이는 순간, 김유신은 준비된 시나리오대로 밀어붙였고, 이런 수법이 통해서 황산벌의 백제군은 무너졌다. 이런 사정을 감안해보지 않고 '계백이 관창을 잡았다가도 죽이지 않은 것은 인(仁)이며, 두 번째 잡았을 때 죽여서 그 시체를 돌려보낸 것은 의(義)요'라는 안정복의 말을 인용하며 무조건 계백을 휴머니스트로 만드는 건 설득력이 약하다.

◎ 오욕의 수치스런 삶이 된 충상과 상영

이렇게 해서 계백을 장수로서의 덕목을 죄다 갖춘 불세출의 영웅으로 만드는 것은 그래도 어차피 평가해줄 만한 사람이니 조금 더 부각시켜주는 차원으로 이해해줄 수도 있다. 그렇지만 특정 인물을 띄우다 보면, 자연스럽게 그와 대비되는 인물을 깎아내리게 되는 경향이 있다.

영화나 드라마에서 악역을 배정하는 것과 같다. 영웅을 돋보이게 하려면 그냥 칭송만 하는 것보다, 비교가 되는 악인을 등장시키는 편이 효과적이다. 그래야 상대적으로 영웅적인 면모가 더 두드러져 보인다. 실제 인물이 아니기에 악역으로 넣어도 별 문제가 되지 않겠지만 실존 인물이 이런 역할로 등장하면 어떻게 될까? 그들은 천하에 다시없는 간신·역적 등등이 되어버리기 십상이다. 누군가를 띄워주려고 또 다른 누군가의 명예를 철저하게 짓밟아버리는 셈이다.

의자왕이 그렇고, 뒤에 소개될 여러 귀족의 경우도 그러한 사례가 될 것 같다. 그런데 여기서 만족하지 않고 계속해서 백제 귀족들이 수치스런 인물로 추가되고 있다. 그렇게 몰리게 된 당사자들이 바로 상영과 충상을 비롯한 백제 귀족들이다. 이들은 황산벌 전투에 참전했다가 포로가 되었다는 이유 때문에 부끄러운 인물로 평가된다. 무슨 죄목일까? 계백과 비교하며 상영 등을 혹평한 말을 살펴보자.

> 계백이 이끈 백제군 진영에는 좌평 충상과 달솔 상영 같은 고위 귀족들이 속하여 있었다. 피를 뿌린 5천 결사대 가운데 충상과 상영 등 20여명의 고관들이 대거 신라군에 생포되었

다. 충상과 상영은 그 뒤 신라로부터 일길찬의 관등과 총관(總管)에 임명되어 백제 조국회복전쟁을 진압하는 데 앞장서게 되었다.

여기서 상영은 태종 무열왕의 사위인 대야성주 김품석과 그 딸인 고타소랑의 시신을 신라측에 반환하는 데 앞장섰던 위인이다. 신라 왕실의 숙원을 풀어주는 데 기여한 것이다.

그리고 나당연합군의 침공에 대한 대책회의가 열렸을 때 당군을 먼저 공격하자는 의직의 주장을 반박하면서 시간을 끌어 백제가 실기(失機)하게 만든 장본인이었다.

상영은 계백과 함께 황산벌 전투에 참전하였음에도 불구하고 장렬한 전사를 택하기는커녕 항복하였다. 그는 백제의 16관등 가운데 2번째 관등인 달솔이었지만, 신라의 7번째 관등인 일길찬에 제수되었다.

오욕의 수치스러운 삶이 아닐 수 없다. 반면 계백은 황산벌에서 피를 뿌리고 죽었지만 그 전기가 전해진 것을 볼 때 신라인들에게 감동을 주었음을 뜻한다. 신라인들은 조국을 배신한 상영과 같은 인물보다는 적장이었던 계백을 기렸던 것이다.

많은 사람들이 이런 논리에 별다른 문제를 느끼지 못하는 것 같다. 그렇지만 하나하나 살펴보면 역사의 사실과 다름을 알 수 있다.

상영 등의 첫 번째 죄목은 '신라로부터 일길찬의 관등과 총관(總管)에 임명되어 백제 조국회복전쟁을 진압하는 데 앞장서게 되었다' 는 것이다. 물론 이 자체가 사람들 눈에 좋게 비칠만한 일은 아니다. 그러니 첫 번째 죄목답게 가장 타당해보이는 죄목이라고 할 수 있겠다.

하지만 당시 상영의 입장에서 한 번 더 생각해보자. 조국 부흥운동을 진압하는 데 앞장서기 싫다고 신라 쪽에서 주는 총관 자리를 거부했다면 다른 선택으로 무엇이 남을까? 기껏해야 '깨끗하게 죽는 것이 적장(敵將)에 대한 예의' 하면서 목숨을 내놓는 것 이외의 선택이 없었을 것이다. 이런 상황에서 '차라리 죽을지언정 조국을 배신해서야 되겠느냐' 고 생각하기 쉽다. 하지만 그 상황에서 목숨을 바치는 선택을 할 사람이 몇이나 될지 모르겠다.

역사적으로 전쟁에서 잡힌 포로들에게 원래 소속되어 있던 나라에 칼끝을 돌리도록 강요하는 일은 흔히 볼 수 있는 일이었다. 이런 방법을 사용하려면 원래 지도자를 그대로 두고 자기 쪽 지휘관으로 임명해야 했다. 그래야 습관적으로 따르던 지휘관의 명령에 복종할 테니까. 사실 이렇게 해봤자, 지휘관이나 포로들이 충성스럽게 싸우는 일도 거의 없다. 그러니 믿을 수도 없고, 감시하기만 귀찮은 군대가 되기 쉬워 큰 의미를 찾기도 어려웠다. 그래서 대부분의 경우 그저 상징적인 의미로 만들어놓는 데 불과했고, 상영 역시 별다른 예외가 아니었다.

그러니 이런 일에 목숨 걸지 않았다고 비난하는 건 심하지 않은가

한다. 그래도 여기까지는 비난할 만한 일을 비난한다고 할 수도 있다.

납득하기 어려운 죄목들

그런데 다른 이유들은 과연 수치스런 삶이라는 이름을 붙일만한 이유가 되는지 모르겠다. '상영은 태종 무열왕의 사위인 대야성주 김품석과 그 딸인 고타소랑의 시신을 신라 측에 반환하는 데 앞장섰던 위인이다. 신라 왕실의 숙원을 풀어주는 데 기여한 것이다'라는 죄목은 과연 죄가 되는 내용인지 의심스럽다(실제로 김품석과 그 딸인 고타소랑의 시신을 신라 측에 반환하는 데 앞장섰던 사람은 상영이 아니라 좌평 충상이지만, 논리에는 별 차이가 없으니 일단 같이 설명한다).

신라왕실의 숙원을 풀어주는 데 기여했다는 점이 바로 백제에 대한 반역이 된다는 뜻밖에 되지 않는다. 그런데 과연 그렇게까지 해석할 내용일까? 상황을 이해하기 위하여 관련된 《삼국사기》 김유신 열전의 기록을 살펴보자.

> (상략) 주의 군사를 선발 훈련시켜 적에게 나가게 하여 대량성(大梁城, 현재의 경남 합천)에 이르니 백제가 맞서 대항하였다. 거짓 패배하여 이기지 못하는 척하여 옥문곡(玉門谷)까지 후

퇴하니 백제측에서 가볍게 보아 대군을 이끌고 왔으므로 복병이 그 앞뒤를 공격하여 크게 물리쳤다. 백제 장군 여덟 명을 사로잡고 목베거나 포로로 잡은 수가 1천 명[級]에 달하였다. 이에 사신을 백제 장군에 보내 말하였다.

"우리의 군주(軍主) 품석과 그의 아내 김씨의 뼈가 너의 나라 옥중에 묻혀 있고, 지금 너희의 부장 여덟 명이 나에게 잡혀 있어 엎드려 살려달라고 하였다. 나는 여우나 표범도 죽을 때에는 고향으로 머리를 돌린다는 말을 생각하여 차마 죽이지 못하고 있다. 이제 그대가 죽은 두 사람의 뼈를 보내 산 여덟 사람과 바꿀 수 있는가?"

백제의 좌평 중상[仲常, 또는 충상(忠常)이라고도 썼다]이 왕에게 아뢰었다.

"신라인의 해골을 남겨 두어도 이로울 바가 없으니 보내는 것이 좋을 듯합니다. 만약 신라인이 약속을 지키지 않아 우리의 여덟 명을 보내지 않는다면 잘못이 저쪽에 있고, 곧음이 우리 쪽에 있으니 어찌 걱정할 바가 있겠습니까?"

이에 품석 부부의 뼈를 파내어 관에 넣어 보냈다. 유신이 말하기를 "한 잎이 떨어진다고 하여 무성한 수풀이 줄어들지 않으며, 한 티끌이 쌓인다고 하여 큰 산이 보태지는 법이 아니다."하고는 여덟 사람이 살아 돌아가도록 허락하였다. (하략)

위 기록에 나타난 상황은 분명하다. 김유신의 활약으로 백제군을 대파하고 백제 장군 8명을 비롯한 포로를 잡았다. 신라 측은 이때 잡은 백제 장군 8명과 품석·고타소랑의 시신을 바꿀 것을 제안했다. 이때 좌평 충상이 나서서 이 거래를 받아들이자고 주장한 것이다.

여기서 충상의 생각은 분명히 드러난다고 해도 좋을 것 같다. 백골이 다 된 품석과 고타소랑의 시체를 가지고 있는 것이 백제에 무슨 이익이 될까? 기껏해야 신라 쪽에 적개심을 키우는 것 이상의 의미가 있었을 것 같지 않다. 백골을 돌려주고 살아 있는 장군 8명을 구하는 실리를 찾아보자는 발상이 그렇게 반역이 될까? 이걸 반역이라고 한다면 결국 품석과 고타소랑의 백골 대신 멀쩡하게 살아 있는 장수 8명을 포기해야 한다는 논리밖에 되지 않는다.

신라 측이 약속을 지키지 않는다고 해도 두고두고 신라를 욕되게 할 명분이라도 얻든가, 하다못해 적개심이라도 누그러뜨려 볼 수 있는 상황이다. 이런 거래를 하고보자는 발상이 백제에 그렇게 해를 줄 것 같지 않다. 그런데도 이걸 백제에 대한 반역이라도 한 것처럼 설명해야 할까?

상영에 대해 '나당연합군의 침공에 대한 대책회의가 열렸을 때 당군을 먼저 공격하자는 의직의 주장을 반박하면서 시간을 끌어 백제가 실기(失機)하게 만든 장본인이었다'는 비난도 마찬가지다. 외적의 침입에 대비하기 위하여 열린 대책회의에서 자기 의견을 내는 것 자체를 탓할 수는 없다.

물론 터무니없는 의견을 내서 중요한 결정을 내리지 못하게 했다면 문제가 달라지지만, 실제로 백제 쪽에서 이런 논의 때문에 방어 전략의 수립과 실행에 타격을 받았던 흔적은 없다. 다른 책에서도 언급했듯이 이는 《삼국사기》 편찬자가 교묘하게 오해를 유발해놓은 것일 뿐이다. 그러니 이 역시 상영에게 책임을 지울 수 있는 문제는 아니다.

포로가 되었다는 죄

황산벌 전투에서 전사하지 않고 사로잡혀 포로가 되었다는 비난도 그렇다. 이런 비난이 나오게 된 이유는 계백의 부대가 '결사대(決死隊)'였다는 인식 때문일 것이다. 다른 사람들은 '여기서 지면 뼈를 묻는다'는 각오로 싸웠고 그래서 전투에서의 패배 이후 다 죽었는데, 상영과 충상만 살아남았으니 비겁자라는 뜻이 된다.

그렇지만 이런 논리도 계백의 부대가 결사대가 아니었다는 사실이 밝혀지는 순간 사실이 아님을 알게 된다. 오히려 전혀 다른 측면이 드러나게 될 수 있다. 황산벌에 투입되었던 백제군은 여기서 전멸한 것이 아니라, 퇴각한 다음 생존자들을 재정비해서 백강 방면으로 투입했다. 상당수의 병력이 무사히 전장을 빠져 나아갔다는 뜻이 된다.

그런데 상영 등은 그 와중에 포로가 되었다. 좌평·달솔 같은 관직을 가지고 있던 백제 고위층 귀족이 정말 비겁했다면 후방에 빠져 있다가 전황이 불리해지는 징조가 보이는 순간 먼저 달아나 버렸을 것이다. 더욱이 이때는 전투에 지면서 '목숨만 건져보자'며 도망치는 상황이 아니라, 다음 전투를 의식하여 조직적으로 병력을 후퇴시키는 상황이다. 이런 상황에서라면 전황을 미리 파악할 수 있는 고위층 귀족은 먼저 빠져나가기가 더 쉽다.

그렇지만 상영 등은 상당수의 병력이 무사히 빠져 나아갔음에도 불구하고 포로가 되었다. 눈치가 없고 동작이 느려서 그랬을 것이라고 단순한 해석을 해야 할까? 그들이 포로가 될 때까지 전장에 남아 있던 이유를 달리 해석해 볼 여지도 있다. 황산벌 전투가 기울어버린 이상, 백제군에게 여기서 버틴다는 것은 의미가 없다. 빨리 부대를 보존하며 퇴각해서 다음 전투인 백강 방면의 방어전에 대비해야 하는 것이다. 그러려면 병력이 안전하게 퇴각해야 하는데, 퇴각은 뒤돌아 뛴다고 되는 것이 아니다. 오히려 그랬다가는 마음 놓고 추격해오는 적에게 전멸당하기 쉽다. 전투 중 가장 큰 전과를 올리는 부분이 바로 대책 없이 도망가는 적을 추격해서 격멸할 때이다.

그런 사태를 막기 위해서는 일부 부대가 뒤에 남아 추격해오는 적을 견제하면서 나머지 병력의 퇴각을 엄호해주어야 한다. 여기에는 두 가지 방법이 있다. 가장 이상적인 방법은 병력을 셋으로 나누어 한 부대가 적을 막는 사이 한 부대는 다음 저지선에 자리잡고 또 한 부대는 이동하는 방법이다. 이 과정을 반복하며 목표지점까지 후퇴하는 게 가장 피해를 덜 보면서 퇴각하는 방법이라고 한다.

하지만 황산벌 전투 같은 상황에서는 이런 수법을 쓰기가 어렵다. 접전이 벌어지다가 밀리는 상황에서는 이렇게 복잡하게 병력을 운용하기가 곤란하기 때문이다. 지휘 경험이 있는 군 장교의 조언에 의하면 이렇게 설명이 된다.

병력, 특히 보병은 일단 접전이 벌어지고 난 후에는 복잡한 통제를 할 수 있는 방법이 거의 없다고 한다. 기껏해야 '퇴각하라'는 정도의 단순한 명령 정도나 통한다는 것이다. 그런 상황에서 병력을 셋으로 쪼개고 각 부대마다 맡은 역할을 차질 없이 반복수행하도록 만든다는 것은 불가능에 가까울 만큼 어렵다. 그래서 복잡한 병력통제가 어려울 경우에는 차선책을 사용한다. 이른바 후위전투(後衛戰鬪)라는 것이다. 일부 부대가 뒤에 남아 길목을 지키며 아군이 목표지점까지 퇴각할 시간을 벌어주는 역할을 맡는 방법이다.

충상과 상영은 영웅일 수도 있다!

이런 후위전투는 누가 치러냈을까? 이렇게 뒤에 남는 병력은 십중팔구 전멸하거나 포로가 되기 쉽다. 사실 병사들의 입장에서는 후위

전투를 하는 부대에 뽑혀서 남고 싶어 하지 않는 심리가 있다.

그런 병사들을 붙들어놓고 끝까지 버티게 하려면 권위를 가진 지휘관이 나서야 조금이라도 효과가 있다. 이와 같은 역할을 할 수 있는 백제 측 지휘관에 누가 있었을까? 우선 계백이 있다.

통상적으로 보면 후위전투는 최고 지휘관이 이끄는 직할부대가 수행하게 되는 경향이 있다고 한다. 그럴 수밖에 없는 이유가 있다. 앞서 말했듯이 이미 접전에 투입된 병력은 전투 역학상 최고지휘관이 후퇴시켜 다시 정비하고 투입하는 게 곤란하다.

그렇다면 후위전투를 치러야 하는 상황에서 동원할 수 있는 병력은 어떤 병력이 있을까? 먼저 예비대를 떠올려 볼 수 있다. 하지만 보통은 어렵다. 통상적으로 예비대는 전투에서 밀려 전열이 무너지기 전에 취약한 부분에 투입한다. 다시 말해서 전열이 무너지기 시작했다는 사실은 이미 이를 막을 예비대까지 투입했다는 말이 된다.

그렇다면 남은 부대는 최고 지휘관의 직접적인 명령으로 통제하는 직할부대뿐이라는 얘기다. 그래서 결국 이 부대가 후위전투를 치르는 경우가 많다는 것이다. 계백도 이런 전투를 치르다가 전사했을 가능성이 크다. 이 때 치른 후위전투는 매우 효과적이었다고 할 수 있다. 일정시간이나마 황산벌에서 신라군의 발목을 잡아 소정방이 화를 낼 정도의 차질을 빚게 했다. 얼마나 심각하게 화를 냈다고 했는지《삼국사기》김유신 열전의 기록을 참조해보자.

유신 등이 당나라 군대의 진영에 이르자, 정방은 유신 등이 약속 기일보다 늦었다고 하여 신라의 독군(督軍) 김문영[金文穎, 또는 영(永)으로도 썼다]을 군문(軍門)에서 목베려 하였다. 유신이 무리들에게 말하였다.

"대장군이 황산(黃山)에서의 싸움을 보지도 않고 약속 날짜에 늦은 것만을 가지고 죄로 삼으려 하니, 나는 죄없이 모욕을 받을 수 없다. 반드시 먼저 당나라 군사와 결전을 한 후에 백제를 깨뜨리겠다."

이에 큰 도끼를 잡고 군문(軍門)에 서니, 그의 성난 머리털이 곧추서고 허리에 찬 보검이 저절로 칼집에서 튀어나왔다. 정방의 우장(右將) 동보량(董寶亮)이 그의 발을 밟으며 말하기를 "신라 군사가 장차 변란을 일으킬 듯합니다."하니, 정방이 곧 문영의 죄를 풀어주었다.

나름대로 심각한 상황이 벌어질 뻔 했다는 사실을 알 수 있다. 화를 낸 것 자체에는 소정방의 정치적 계산이 깔려 있었다는 말도 있지만, 어쨌든 심각하게 화를 낼 명분이 되었음은 분명하다. 이런 상황은 황산벌 전투에서 신라군의 진격을 지연시킨 효과의 결과라고 할 수 있다. 나름대로 효과를 본 셈이다. 그러면서도 투입된 병력은 다른 전투에 투입할 수 있는 수준으로 보존했다. 이 정도면 백제의 입장에서 실패라고 할 수 없을 정도의 성과를 거둔 것이다.

그런데 이렇게 보자면 상영과 충상의 역할도 달리 생각해볼 여지가 있다. 이들이 포로로 잡혔다는 사실은 그만큼 마지막까지 황산벌 전투에 남아 있었다는 뜻이 된다. 이들이 무엇 때문에 포로가 되도록 전장에 남아 있었을까?

이들 역시 백제 고위 귀족으로서 병사들을 통제할 수 있는 권위가 있었다. 그러니까 계백이 전사하는 사태가 일어났을 때에도 백제군을 통솔할 대안이 되는 셈이다. 계백과 같은 역할을 할 수 있었던 인물이 바로 상영과 충상이라는 얘기가 될 수 있다. 그러니까 이들은 계백의 전사 이후에도 후위전투를 치르며 백제군을 추스르는 역할을 하다가 포로가 되었을 가능성이 크다.

즉 이들은 작전 목적을 달성하려고 마지막 순간까지 분전하다가 죽거나 포로가 된 것이지, 비겁해서 포로가 된 것이 아닐 수도 있다는 것이다. 이런 가능성을 모두 무시하고 포로가 되었다는 사실만으로 수치스런 인생으로 확신하는 것은 신중하지 못한 태도이다.

'중과부적(衆寡不敵)해서 마침내 죽어버린 것은 충(忠)이다' 라던가, '삼국시대에 충신과 의사가 물론 많았지만, 사전(史傳)에 나타난 것을 가지고 말한다면 마땅히 계백을 으뜸으로 삼아야 할 것이다' 라는 안정복의 말을 굳이 틀렸다고 비난할 뜻은 없다. 하지만 이런 평가를 돋보이게 하자고 애꿎은 사람들을 역적이나 비겁자로 만드는 것은 문제라는 얘기다.

제4장

실제 황산벌 전투는 어떻게 진행되었을까?

의자왕은 물론 백제라는 나라에 대한 부정적인 이미지는 바로 황산벌 전투 때문이다. 당시 나당연합군의 침공에 제대로 대처하지 못했으며, 특히 그 이유가 백제의 지배층이 분열되어 있었기 때문이라고 알려져 있다. 이런 인식이 검증된 사실일까? 간과된 사실과 오류를 살펴보면 올바른 역사를 알 수 있다.

당의 입장과 전략

의자왕은 물론 백제라는 나라의 이미지가 좋지 않게 남게 된 데에 큰 몫을 차지하는 부분이 있다. 백제의 마지막 전쟁 황산벌 전투에서 백제가 나당연합군의 침공에 '우왕좌왕하며 제대로 대처하지 못하고 망했다'는 인식이다. 이렇게 된 이유도 백제의 지배층이 분열되어 있었기 때문이라고 알려져 있다.

그런데 이런 인식이 검증된 사실일까? 백제가 망하는 과정에서 일어났던 전쟁은 단순히 하나의 전쟁으로 끝나는 게 아니다. 백제라는 나라 자체의 이미지, 더 나아가서 당시 동아시아 국제정세를 보는 데 중요한 근거로 작용하고 있다. 그럼에도 불구하고 간과된 사실과 오류를 바탕으로 이 전쟁을 해석하고 관련된 인물들에 대한 평가를 내리고 있는 것이다.

따라서 전쟁의 과정과 양상에 대하여 밝혀놓지 않으면 계백이나 의자왕에 대해서는 말할 것도 없고, 백제에 대한 왜곡도 걷히지 않을 것이다. 고대사 기록치고는 관련 기록이 제법 풍부하게 남아 있는 편이다. 그러니 실제 전쟁 양상을 추적해볼 수 있는 단서는 있는 셈이다. 물론 기록에도 왜곡은 있다. 그렇지만 이 점은 역사를 복원하는 데 있어서 당연히 예상되는 장애물일 뿐이다.

이러한 왜곡을 걷어내다 보면 전쟁의 실체에 접근해볼 수 있다. 그 단서는 실제 양쪽 군대가 움직였던 양상이다. 이를 추적해보면 대략적인 윤곽이 드러난다.

백제가 멸망하게 된 원인을 총체적으로 살펴보기 위해서는 우선 나당연합군의 전략부터 이해해야 한다. 나당연합군의 기본 전략은 당(唐)나라 군대가 서해안을 따라 해로로 진격하고, 신라군은 육로로 진격하여 백제의 수도 사비(泗沘)에서 합류해 공격을 가하는 것이다.

이 전쟁의 기본계획은 결국 주력인 당나라 군대의 움직임 위주로 짜여졌다고 할 수 있다. 여기서 당나라 군대에게는 한 가지 제한요인이 있다. 바로 배로 이동해야 한다는 점이다. 당과 백제 사이에는 고구려가 자리잡고 있고, 당나라 군대가 사이도 좋지 않은 고구려를 통과하겠다고 할 수는 없는 노릇이니 어쩔 수 없는 일이다.

바로 이 점이 나당연합군의 전략을 여러 가지로 제한하는 작용을 한다. 백제를 공략하려면 배로 이동해 와서 결국은 어딘가 상륙을 해야 하기 때문이다. 이 점 때문에 상륙 지점부터 제한을 받게 된다. 바로 백제 수도였던 사비에 직접 상륙할 수밖에 없다는 점이다.

당군이 사비 부근에 상륙하려 한 이유를 다르게 해석하려는 경우도 있다. 나당연합군의 전략과 의도는 이에 맞섰던 백제 측의 대응을 평가하는 데에도 중요한 척도가 되니 제대로 살펴볼 필요가 있다.

백제가 주로 국경 부근에서 공성전을 전개하며 신라를 압박하는 전략을 쓰는 바람에, 전선이 확대되고 병력이 분산되어 수도 방비가 허술해졌다는 해석이다. 나당연합군은 바로 이 약점을 이용하여 국경 부근에서 소모전을 펴지 않고 사비를 직접 공략하는 전략을 썼다는 것이다.

이 해석은 병력이 분산 배치되어 있었다는 점부터 근거 있는 얘기가 아닌 듯하다. 백제는 황산벌에 투입될 5천 병력은 물론 이와 별도로 백강 방면에 투입될 병력을 미리 집결시켜놓고 있었다. 이 자체만 해도 분산 배치 운운하는 것은 사실과 다르다. 또 만약 국경에 분산 배치된 병력이 문제였으면, 백제 쪽에서 뒤늦게라도 이 병력을 이용하려는 움직임이 있어야 하는데, 그런 기록은 보이지 않는다.

사실 당군이 사비에 상륙할 수밖에 없었던 원인은 백제군 사정과는 별 상관이 없다. 당군에게 심각했던 요소는 바로 보급 문제이다. 장기간에 걸친 소모전이 되면 대병력을 동원한 쪽의 물자소모가 상대적으로 많아진다. 백제 원정 같은 경우는 이런 약점이 더욱 크게 작용한다. 정벌에 성공하려면 이 문제가 어떻게든 해결되어야 한다. 바다를 건너 대병력을 투입해야 했던 당나라 군대의 입장에서는 작전 기간이 늘어질수록 어려움이 커진다. 그렇기 때문에 작전기간을 줄이는 건 필수적이다.

작전 기간을 줄이려면 단기간에 백제에 결정적인 타격을 주어야 한다. 나당연합군의 전략은 바로 여기에 초점을 맞추고 있었다고 해도 과언이 아니다. 그러기 위해서는 백제의 수도 사비를 직접 공략하는 길밖에 없다. 그 이외의 지역은 아무리 효과적으로 공략한다 해도 그것만으로 백제가 무너질 리는 없기 때문이다. 당나라 군대가 안전한 지역에 상륙하여 신라군과 합류하지 않고 직접 백제의 수도 부근에 상륙하려 한 데에는 이런 점이 작용했다고 할 수 있다.

성충이나 홍수를 비롯한 백제인들이 당나라 군대가 백강으로 들어올 것을 미리 알고 이곳을 막아야 한다고 주장했던 건 그들이 점술가이거나 특별한 혜안(慧眼)을 가진 전략가였기 때문이 아니다. 당시의 기본적인 전략적 상황을 이해하는 사람들에게라면 당나라 군대가 백강 방면으로 들어올 수밖에 없다는 사실은 뻔히 보이는 일이다.

◎ 신라군은 왜 따로 움직였을까?

문제는 신라군 주력이 무엇 때문에 당군과 같이 상륙하지 않고 굳이 육로로 이동, 백강에서 합류하려 했느냐는 점이다. 작전 자체만 보면 신라군에게만 지나치게 많은 부담을 주는 것처럼 보인다.

백제가 2000척에 달하는 당나라 대함대에 맞설만한 수군 전력이 있을 리 없다. 그러니 압도적인 전력을 가진 당군은 도중에 저항 받을 염려가 없는 해로로 이동한 반면 상대적으로 전력이 달리는 신라는 이동 중에 저항 받을 게 뻔한 육로로 이동한 것이다. 어차피 같이 공략할 사비까지 굳이 다른 길로 이동한 것만 해도 이상한데, 전력이 달리는 신라군이 더 위험한 루트로 이동해서 실제로 심한 저항을 받게 된 셈이다.

피상적으로만 보면 어차피 합류할 연합군인데 당나라 군대는 해로로, 김유신이 이끄는 신라군 주력은 백제군의 저항을 홀로 받아야 하는 위험을 무릅쓰면서까지 육로로 진격한 이유가 이상하게 생각될 수 있다. 이런 점 때문에 김유신이 이끄는 신라군 주력도 해로로 이동했다고 보려는 의견도 있다. 하지만 이건 납득할 수 있는 주장이 아니다. 같이 해로로 이동한 신라군 주력이 굳이 따로 황산벌까지 가서 백제군과 단독으로 전투를 벌이고, 이 때문에 약속한 기일에 늦어 당나라 장군 소정방에게 트집을 잡혔다는 식의 앞뒤가 맞지 않는 상황이 연출되어야 하기 때문이다.

사실 김유신이 이끄는 주력 부대와는 별도로 당나라 군대와 같이 움직인 100척의 신라 함대와 여기에 탑승한 신라군 부대가 있었다. 그렇기 때문에 김유신이 이끄는 신라군 주력까지 해로로 이동했다고 주장하면 김유신 부대는 같이 이동하면서도 당군은 물론 신라군 일부 부대까지 떼어놓고 공연히 단독행동을 했다는 식으로 우겨야 한다.

　이런 논리는 억지일 뿐 실제로 일어날 수 있었다고 보기는 어렵다. 그렇다면 나당연합군이 애초부터 같이 이동하지 않고 굳이 번거롭게 다른 경로로 이동해서 합류하는 전략을 택했던 이유는 다른 각도에서 밝혀야 한다.

　이유는 대략 이렇게 생각해볼 수 있다. 단순히 사비 부근에 상륙해서 백제를 공략한다고 당나라 군대의 모든 문제가 해결되는 건 아니다. 아무리 대병력을 공격한다 해도 사비가 쉽게 함락된다는 보장은 없다. 백제 정도의 나라라면 국가의 중심 수도를 허술하게 방어할 리도 없으며 백제군이 농성하며 장기전으로 끌고 갈 수도 있다. 그렇게 되면 작전기간이 계속 늘어나 손자병법의 첫머리에서부터 피하라고 강조했던 장기전으로 가게 된다. 이런 상황이 벌어지면 수도 부근에 직접 상륙해서 작전 기간을 줄이려는 시도가 큰 의미를 가질 수 없다. 오히려 상륙 이후의 작전이 더 큰 문제로 부각될 뿐이다.

　신라나 당나라가 이런 사태를 예측하지 못했을 리 없고, 뻔히 예상되는 일에 대책을 세우지 않고 작전에 돌입할 리도 없다. 여기서 나당연합군이 세운 대책은 대략 이런 것이다.

　전력은 당군만으로도 백제군을 압도할 수 있다. 그렇지만 이 작전의 성패는 전력 차이가 아니라 보급 유지에 달려 있다. 그렇다면 적절한 역할 분담을 할 필요가 있다. 여기서 신라군의 역할이 부각된다. 보급 문제에 해결책을 제공해 줄 수 있는 게 신라인 것이다.

신라는 당처럼 바다를 건너 물자를 수송한다는 난점이 없다. 따라서 신라군이 보급을 책임져 주게 되면 나당연합군은 작전 수행의 한계를 상당부분 극복하게 된다. 신라군이 당나라 군대에 물자를 공급하게 된다면 백제군이 농성하며 장기전으로 끌고 가더라도 보급에 부담을 느끼지 않고 버틸 수 있는 것이다. 이런 전략은 단순히 백제 공략에만 적용되는 게 아니라, 백제 멸망 이후의 고구려 공략 때에도 그대로 실행되었다.

신라군은 보급부대였다

이렇게 보면 신라군 5만의 역할도 새롭게 이해해야 한다. 보통 5만이 동원되었다고 하면 그 숫자가 그대로 전투 부대를 의미한다고 생각하는 경향이 있다. 하지만 사실은 그렇지 않다.

사비 부근에서 합류한 나당연합군의 규모는 18만 정도 된다. 이 병력에게 필요한 보급품은 당시 규모로는 엄청난 양이다. 하루 평균 수백 톤의 물자가 소모되는 게 보통이다. 그런데 당나라 군대는 보급 문제에 사실상 별 신경을 쓰지 않은 것 같다. 그건 당나라 군대의 움직임에서 나타난다.

당시 당나라는 1900척의 배로 13만의 병력을 수송했다고 한다. 모두가 초대형이었을 리 없는 당시의 배로 13만의 병력을 수송하는 것은 병력규모 자체로만 해도 벅찬 일이다. 이 배들에는 단순히 사람만 타는 게 아니다. 그 병력에 필요한 여러 가지 장비와 말 등은 물론 최소한의 식량까지 실어야 하기 때문이다. 이런 것들이 추가되면 부담은 훨씬 커진다. 특히 매일 수백 톤씩 소요되는 군량은 엄청난 부담이 될 수밖에 없다.

이렇게 큰 수송 부담을 지고 있던 당나라 함대가 당나라까지 다시 가서 식량을 싣고 왔다는 기록은 없다. 빠진 기록이 많을 수밖에 없는 고대사에 단순히 기록이 없다는 것만이 문제가 아니다. 당나라 군대는 6월 21일 일단 신라의 항구인 덕물도에 기항해서 약 20일이라는 상당 기간을 머물렀다. 신라 측의 융숭한 영접을 받았음은 물론이다.

이 기간 동안 당나라 군대는 자체에서만 보유하고 있는 보급품으로 버틸 수는 없다. 당군이 스스로 보급문제를 해결하지 않았다면 어떻게 해결되었는지는 분명하다. 신라 측이 원정 온 당나라 군대에 대한 보급을 책임져 준 것이다.

당나라 군대가 일단 덕물도에서 신라 측과 만난 이유도 당에서 가장 빨리 도달할 수 있는 신라의 항구까지 항해할 식량만 가지고 출발한 후, 신라에서 보급을 받으려 한 것으로 풀이할 수 있다. 수송부담을 줄이려고 소모품인 군량을 최소한만 지니고 이동했던 것이다. 사실 당나라가 전쟁 비용의 상당부분을 차지하는 군량조달 비용을 스스로 떠안으려 했을 리 없다. 나중에는 신라까지 집어삼킬 야욕을 가지고 있었겠지만, 백제를 정벌하면 그 영토는 일단 신라의 차지가 된다.

이렇게 신라에게 이익이 될 전쟁을 하면서 거기에 소요되는 비용까지 부담하지는 않았을 것이다. 나중에 고구려 정벌 때에는 신라가 식량보급에 적극적인 태도를 보이지 않아 시비가 붙었던 이유도 이런 데에 있었지 않았나 한다.

당군이 덕물도에 도착한 이후 작전에 나서기까지 상당한 시간적 지연이 있었던 것도 여러 가지를 시사한다. 소정방은 6월 21일 덕물도에 도착했으면서도 백강 입구에서 합류하는 날짜를 7월 10일로 잡았다. 20일가량의 여유를 둔 셈이다. 덕물도에서 백강 입구까지 배로 이동하는 시간은 그렇게까지 오래 걸리지 않는다. 그럼에도 불구하고 나당연합군은 무엇 때문에 합류하는 날짜를 이렇게까지 늦추어야 했던 것일까?

이 역시 보급문제라는 측면에서 보면 간단하게 풀린다. 당나라 군대는 애초부터 이동 중에 소요될 최소한의 군량 이외에는 수송할 여력이 없었다고 보아야 한다. 덕물도에서 신라 배 100척이 합류하지만, 이 역시 보급품 수송에선 큰 도움을 줄 수 없는 상황이었다.

나중에 자세히 언급하겠지만 여기에는 신라군 병력과 함께 상륙할 때 사용할 '장비'가 실려 있었던 것이다. 이런 사정을 알고 보면 배로 이동하는 나당연합군은 장기간의 작전에 필요한 보급품을 가져갈 여유가 없었음을 알 수 있다. 그렇다고 나당연합군이 같이 육로로 이동할 수도 없다. 그렇게 되면 무려 18만이라는 대군(大軍)이 육로로 이동하게 된다. 이건 배를 타고 이동하는 것과는 격이 틀리다. 숫자가 많아질수록 이동시간이 훨씬 더 소요된다. 그만큼 물자소모도 커진다.

그렇기 때문에 당나라 군대는 상륙 이후에 필요한 식량을 육로로 이동해올 신라군에 의지할 수밖에 없었던 것이다. 신라군 주력만 굳이 육로로 이동해야 했던 이유가 여기에 있다. 배로는 며칠 버티기에도 곤란한 수준의 보급품밖에 수송할 여력이 없기 때문에, 나머지 소요 물량은 육로로 수송하려 했던 것이다.

육로로 이동하는 부대는 당연히 많은 시간이 필요하다. 도중에 백제군의 저항을 받을 수 있다는 점까지도 계산에 넣어야 했다. 소정방이 굳이 20일에 달하는 여유를 두어가며 해로와 육로로 각각 진격하여 합류하는 방향을 택했던 이유도 여기에서 찾을 수 있다.

7월 11일 당나라군대와 신라군이 합류하고 난 후 소정방이 보인 행동도 이 점을 시사해줄 수 있다. 소정방은 '유신 등이 약속 기일보다 늦었다고 하여 신라의 독군(督軍) 김문영(金文穎)을 군문(軍門)에서 목 베려 하였다'고 했다. 겨우 하루 늦었다고 동맹국의 장수를 사형시키려 했던 것이다. 여차 하면 적을 앞에 두고 내분이 벌어질 수도 있는 조치였다. 언뜻 보면 소정방이 성급하다 못해 무례한 일을 벌인 것처럼 보인다.

물론 이는 백제와 마찬가지로 궁극적으로는 정복해야 할 대상인 신라에 대해 일종의 명분 쌓기로도 해석할 수 있다. 그러나 그렇다하더라도 아직 저항을 계속하고 있는 백제군을 앞에 두고 있다. 공략작전이 하루 늦었다는 정도는 작전에 별 지장을 초래하지 않는다. 신라군 장수를 처형하려는 명분으로 이런 걸 트집 잡기는 곤란했을 것이다.

그러나 보급 때문이라면 문제가 다르다. 단순히 공략작전에 합류하는 것뿐이라면 신라군이 하루 정도 늦는 게 큰 장애가 되지 않겠지만, 보급은 단 하루만 늦어도 병사들이 굶주리게 되는 사태가 생긴다. 이는 사기나 부대 운용에 막대한 지장을 초래한다는 명분이 될 수 있다. 물론 이 사건 자체는 김유신을 중심으로 한 신라 측의 항의를 받고 흐지부지되었다. 하지만 그만큼 보급문제가 정확한 기일 안에 도착해야 하는 중요한 문제임은 이해할 수 있다.

혹자는 군이 육로로 보급품을 수송할 필요 없이 병력을 상륙시킨 선박 일부를 이용해서 보급품을 수송하면 될 거 아니냐고 생각할 수도 있다. 물론 장기적으로는 가능한 발상이다. 그러나 상륙초기에는 곤란하다. 무엇보다도 최종 공략 목표는 기벌포, 즉 백강 입구가 아니라 사비성이다. 공략이 지속되려면 주력부대가 사비성을 포위하는 상황이 된다. 이 상황에서 배로 육지 깊숙이 들어와 있는 부대에게 직접 보급품을 수송해줄 수는 없다. 결국 기벌포나 주변의 항구에 물자를 하역하고 여기서 사비 근처까지 수송해야 한다. 이런 상황에서 수백 톤에서 수천 톤까지 이르는 물자를 일일이 사람이 져 나를 수는 없는 노릇이다.

그러면 우마차 같은 수송수단이 필요해진다. 그렇다고 해서 가뜩이나 수송에 어려움을 겪는 판에, 그것도 상륙작전에 100% 성공 보장도 없는데 우마차는 물론 이를 끌고 갈 소나 말까지 배로 수송해오기는 곤란하다. 이러한 수송수단은 육상이동에 의존해야 한다. 필요한 육상 수송수단은 어차피 육로로 이동해 와야 한다. 오는 김에 보급품까지 운반해오는 편이 여러 가지로 낫다는 것이다.

신라군은 그 자체가 거대한 보급부대였던 셈이다. 그 전까지 동원해 본 적이 없는 5만이라는 병력이 갑자기 동원된 것도 이런 측면에서 보면 쉽게 이해할 수 있다. 5만 병력 전체가 전투부대는 아닌 것이다. 이 중에는 물론 사비로 이동하는 도중에 만날 백제군과 싸울 전투부대도 있었다. 하지만 상당 부분은 보급품을 수송하는 병력이었다고 보아야 할 것이다. 결국 이 때 신라군 주력부대는 전투부대가 보급부대를 호위하는 형태였다고 할 수 있다. 그렇기 때문에 5천 정도에 불과한 백제군이 황산벌에서 상당한 시간 동안 신라군을 저지할 수 있었던 것이다. 이 저지선을 돌파하는 데 화랑을 희생시키는 고육책을 썼던 것도 신라군 전투부대가 백제군을 숫자만으로 압도할 만큼의 병력이 되지 않았기 때문이라고 보아야 한다.

이렇게 보면 나당연합군의 기본 전략도 쉽게 이해할 수 있다. 주력부대인 당나라군대가 백제의 수도 사비를 직접 공략하여 타격을 주는 작전을 기본 골격으로 해서, 신라가 이 작전을 가능하도록 보급 등의 지원을 해주는 것이었다고 정리할 수 있겠다.

백제의 대응전략에 갈등이 있었다?

공격자의 입장인 나당연합군에게 전략적 제한요인이 있고 이를 타개하는 게 기본 전략이라고 한다면, 백제는 이를 저지해야 할 입장이라고 하겠다. 방어자의 입장이라는 게 대체로 그렇듯이, 전력 자체에서 압도적인 열세에 있었던 백제가 선제공격으로 타개를 노리는 전략은 기본적으로 성립하기 곤란했다.

따라서 백제는 나당연합군의 공격을 기다려 방어하는 입장을 취할 수밖에 없었고, 당연히 그 전략도 침공해오는 나당연합군의 전략에 대응하는 것이 되어야 했다. 백제에게 그나마 다행스러운 점은 앞서 언급했던 대로 나당연합군의 전략에 제한요인이 많았다는 것이다. 이 때문에 전략 선택의 여지가 적었고, 백제가 윤곽을 파악하기도 쉬웠다.

당나라 군대가 바다를 건너 투입될 수밖에 없다는 요인이 이후의 전략을 철저하게 제한하는 것이다. 우선 상륙지점이 백강 입구 이외에는 선택의 여지가 별로 없다. 또 보급문제 때문에 신라군이 육로로 진격해 올 수밖에 없다는 점 등 최소한의 전략은 이미 노출되어 있었다고 보아야 한다. 이렇게 적의 대체적인 전략을 미리 파악하고 있었기 때문에 백제의 군신회의(君臣會議)에서도 이를 전제로 대책을 논의할 수 있었던 것이다.

그렇지만 적의 전략을 미리 알고 있었다고 해서 그 대응책까지 쉽게 의견일치를 볼 수 있는 건 아니다. 대응책은 크게 두 가지로 갈렸다.

하나는 좌평(佐平) 의직(義直)의 주장처럼 당나라 군대의 상륙을 저지하는 것이다. 또 다른 하나는 달솔(達率) 상영(常永) 등의 주장처럼 당군에 대해서는 시간을 끌면서 신라군을 먼저 격파하여 승기를 잡자는 것이다.

그렇다면 두 가지 전략 모두, 또는 한쪽이라도 상대를 견제하기 위하여 불필요한 소리를 한 것일까? 그렇게 생각하는 경우가 많다. 이때 대응책의 차이를 노골적으로 좌평세력과 달솔세력의 대립으로까지 해석하기도 한다.

흥수의 경우처럼 좌평세력이 의자왕에게 불만을 가진 계층이라, 의자왕이 당시 정치를 주도한 세력이 아닌 달솔세력의 손을 들어주었다는 것이다. 이러한 맥락에서 달솔세력이 좌평세력보다 당의 세력을 너무 의식하는 바람에 신라의 성장을 파악하지 못한 점이 백제를 실질적으로 붕괴시켰다고까지 주장한다. 계백이 상황을 비관한 이유도 여기서 찾는다. 상영 등의 결정이 잘못되었음을 감지했기 때문이라고 본다. 이런 대립으로 인하여 백제는 신라를 방어하는 최적 격지 탄현을 포기하게 만들었다는 것이다.

이런 주장이 버젓이 등장하는데도 이상하다고 느끼지 못한다는 사실 자체가 그만큼 의자왕과 백제에 대한 왜곡된 인식이 얼마나 뿌리 깊은 것인지 보여주는 것 같다. 사실 백제 귀족들이 탄현을 막는 것 자체를 반대한 적이 없다. 그런데도 신라군을 먼저 격파하자는 상영 때문에 탄현 방어를 포기했다는 식으로 설명하는 근거를 알 수 없다.

의문이 생기는 논리는 또 있다. 상영의 주장 때문에 탄현을 막지 못했다고 주장하는 사람들이 말하는 탄현과 황산벌은 매우 가까운 지역이다. 그런데 계백은 신라보다 먼저 황산벌에 도착해서 진영을 짰다. 이게 무슨 뜻일까?

이왕 상영의 전략을 택할 것이라면, 나당연합군의 침공을 일찍 간파한 상태에서 탄현에 미리 가서 기다리는 게 그리 어려운 일이 아니었다는 얘기다. 물론 이렇게 된 이유가 백제 조정이 우왕좌왕하다가 그랬다고 한다. 하지만 탄현에서 얼마 되지 않는 거리까지 신라군보다 일찍 도착할 수 있었던 백제군이 그 얼마 되지 않는 시간을 극복하지 못할 정도로 헤맸을까?

백제 조정이 이렇게까지 나당연합군의 침공에 대처하지 못한 원인을 좌평세력과 달솔세력의 대립 때문이라고 보는 논리는 더욱 황당하다. 좌평과 달솔은 무슨 신분층이 아니다. 달솔이 승진하면 좌평이 되는 관직의 차이일 뿐이다. 그런데도 이런 입장에 있는 사람들끼리 편을 나누어 대치할 이유가 있었을까? 좌평이라도 의직과 의견을 달리할 수 있으며, 달솔이라고 다 상영에 동조한 것도 아니다. 계백도 달솔이었지만 상영의 결정이 잘못되었다고 생각하지 않았던가?

또 좌평세력이 주로 의자왕에게 불만을 가졌다는 말은 무슨 뜻이 될까? 그렇다면 의자왕은 자신에게 불만 있는 사람을 골라서 가장 높은 고위직인 좌평에 임명했다는 얘기가 된다. 말년에 자만심을 가질 정도로 독단적인 정국 운영을 했다는 의자왕이 이런 식으로 인사를 했다는 뜻일까?

이와 같이 논리적이지 않은 전제를 놓고 백제 조정에 갈등이 있었다고 몰아가고 있는 것이다. 그러니 황산벌 전투를 복원하는 데에도 엉뚱한 장면을 집어넣게 된다. 이 얘기는 논지 전개상 잠깐 미루고 먼저 의직과 상영이 주장한 전략의 의도부터 분석해보자.

의직도 생각이 있었다

먼저 의직의 주장부터 살펴보자. 의직의 주장을 요약해보면 피로한 상태에서 상륙하는 당나라 군대를 치면 초전에 승기를 잡을 수 있다는 것이다. 얼핏 보면 무모해 보일 수도 있지만, 전혀 일리가 없는 건 아니다.

일단 잘 될 경우에 기대되는 작전의 효과에 대해서는 의심할 여지가 없다. 나당연합군의 주력 전투 병력이 10만이 넘는 당나라 군대다. 따라서 이 병력이 상륙에 실패해서 예봉(銳鋒)이 꺾여 버린다면 이후 전쟁을 수행하기가 아주 곤란해진다.

문제는 백제가 당나라 군대의 상륙을 저지할 능력이 있느냐는 것이다. 쉽게 생각하기로는 절대 열세인 백제군이 10만이 넘는 당나라

군대의 상륙을 저지하는 게 불가능할 것 같다. 하지만 꼭 그런 것만은 아니다.

무엇보다도 당시의 군사적 상황이 현대전과 다르다는 점부터 인식해야 한다. 우선 백제가 당나라 함대의 움직임을 쉽게 파악할 수 있다. 함대가 쉽게 노출되는 이유는 7세기 당시의 항해술이 지금처럼 발달하지 않았기 때문이다. 함대가 먼 바다로 나가게 되면 일단 정확한 방향을 찾기부터 어려워지는 것이다. 따라서 상륙지점을 정확하게 찾는 것부터가 곤란해진다. 이런 난점을 극복하려면 함대가 해안을 따라 이동하는 수밖에 없다.

함대가 해안을 보면서 이동해야 한다는 말은 곧 해안에서도 함대를 볼 수가 있다는 뜻이 된다. 그것도 몇 십 척의 소수 함대가 아니라 2000척이나 되는 대함대라면 움직임을 감출 수가 없다. 소수 병력이 몰래 상륙하는 것과는 격이 틀리다. 해안에 감시 초소 몇 개만 설치해도 함대의 이동상황이 뻔히 드러난다. 따라서 상륙에 대비할 시간은 어느 정도 벌 수가 있다.

또 상륙지점도 백강 입구라는 게 거의 확실하게 노출된다. 다른 곳에 상륙해서 이동하는 데 시간을 낭비하면 백제로서는 대응하기가 간단해진다. 그러니까 예상을 뒤엎고 다른 곳에 상륙하면 백제로서는 오히려 고마워해야 할 판이다. 이렇게 대략적인 상륙지점과 상륙 시간을 알 수 있다면 정확한 상황을 파악해야 한다는 부담은 훨씬 줄어든다. 문제는 10여만이나 되는 병력을 어떻게 저지하느냐는 것이다.

물론 백제의 능력으로는 10여만의 병력과 정면 대결해서 격퇴할 수 있는 병력을 동원하기는 어렵다. 그렇지만 상륙부대를 저지하는 것은 통상적인 정면대결과는 완연히 다르다. 상륙부대가 맞닥뜨려야 할 제한요소가 워낙 많기 때문이다. 특히 고대의 전투에서는 제한요소가 더욱 크게 작용한다. 우선 고대의 함정에는 근현대의 함정처럼 함포 같은 게 장착(裝着)되어 있지 않다. 이 때문에 함대에서 지상부대를 공격할 수단이 거의 없다.

또 상륙부대는 상륙과정에서 개펄과 모래밭 등을 지나야 한다. 그것도 그냥 통과하기만 하면 되는 게 아니다. 상륙부대는 상륙을 완료할 때까지 거의 일방적으로 상대의 노와 활의 공격에 노출된다. 아군 함대가 적을 공격할 수단이 없는 반면, 상륙부대는 상대 궁수의 화살 세례를 각오해야 하는 것이다.

이런 상황은 상륙부대의 궁수들이 진영을 갖추고 상대 궁수를 견제해줄 수 있을 때까지 계속된다. 상륙부대는 이 과정에서 희생을 치러야 하며, 살아남은 병사들도 상당한 체력 소모를 하게 된다. 병사들의 체력 소모 역시 상륙부대의 입장에서는 심각한 문제가 된다. 당시 전투는 적과 맞붙어 창·칼을 휘둘러야 한다. 적어도 수백 미터나 되는 거리를 몸도 제대로 가누지 못하며 달려가 숨이 턱에 찬 병사들이 제대로 싸울 수 있는 시대가 아니다. 싸우고 싶어도 몸이 말을 듣지 않는 상황이 벌어진다. 제대로 진영을 갖추기도 어렵다. 미리 자리 잡고 기다리는 방어부대에 비해 훨씬 불리한 상황에서 싸워야 하는 것이다.

그렇기 때문에 방어부대는 우세한 적을 상대로도 효과적인 방어가 가능하다. 이런 상황을 이용하여 백제군이 취할 수 있는 전략은 대략 이렇다.

전면적인 상륙작전에서는 상륙 중 배에서 내려 해안의 뻘이나 모래밭을 통과하는 시간이 있다. 이 때에는 병사들의 행동이 자유로울 수 없고, 마땅한 엄폐물도 없기 때문에 적의 공격에 거의 속수무책으로 노출되게 된다. 즉 상륙작전에 있어서 공격 측에 가장 취약한 시점은 상륙이 개시되어 교두보를 확보할 때까지인 것이다.

백제군이 노린 것도 바로 이 타이밍이었다. 당나라군대는 일정한 병력이 상륙을 완료하고 교두보를 확보할 때까지 상당한 시간 동안 백제군의 반격에 속수무책으로 노출되어 있어야 한다.

그렇기 때문에 여기서도 백제가 취할 수 있는 전략은 당의 함대를 포착·추적하면서 상륙지점을 파악하고, 상륙지점을 파악하는 즉시 병력을 투입하여 상륙을 저지하는 방법이다. 그러면 상륙작전에 있어서 가장 위험한 타이밍, 즉 상륙 중에 당나라군대를 공격할 수 있다. '이 때에 군사를 놓아 공격하면 마치 조롱 속에 있는 닭을 죽이고 그물에 걸린 물고기를 잡는 것과 같습니다' 라는 설명은 바로 이러한 상황을 뜻하는 것이다.

이런 점을 잘 이용하면 소규모 부대로도 대병력을 상대할 수 있다. 이런 측면 때문에 훨씬 우월한 병력을 보유한 당나라 군대와 먼저 싸워보자는 의직의 주장이 일면 타당성을 인정받을 수 있었던 것이다. 비록 의직이 이전 신라와의 전투에서 참패한 장본인이기 때문에 신뢰를 잃었다는 말도 있지만, 그것이야말로 편견일 뿐이다.

상영의 계산

그렇다고 상영의 주장에 무리가 있는 것은 아니다. 상륙과정에서 적을 격퇴시키는 게 유리하다 하더라도 워낙 큰 병력의 차이는 부담이 되지 않을 수 없다.

게다가 당시에는 방어전면도 지금에 비해 훨씬 짧다. 그렇기 때문에 적 함대의 동향을 쉽게 파악할 수 있다 하더라도 상륙부대가 방어선을 피해 상륙하는 것까지 막을 수는 없다. 나중에 더 자세히 언급되겠지만, 실제 전투에서도 당나라 군대는 백제군의 방어선을 우회해서 상륙했다.

따라서 나당연합군의 상륙 자체를 막는 전략에 대한 보완 전략이라는 측면에서라도 다른 전략이 필요했다. 이 전략은 당나라 군대가 가진 기본적인 약점, 즉 보급의 약점을 노리는 것이다. 《삼국사기》 등에는 구체적으로 나타나지 않지만, 백제군의 실제 움직임을 보면 계백의 군대가 노린 것도 이 점이었음이 드러난다.

전략의 개요는 대략 이렇다. 당나라 군대가 무사히 상륙하더라도 주 공격목표인 사비성이 쉽게 함락될 만큼 허술하지는 않다. 버틸 만큼 버티면서 일부 부대로 하여금 보급을 방해하는 전략을 구사할 수 있는 것이다. 이런 전략에 있어서 보급문제를 해결해주는 건 신라군의 몫이다. 당군은 어차피 사비공략에 집중할 뿐, 보급문제에 신경 쓸 형편이 아니다. 이는 곧 신라군만 격파하면 보급을 원천적으로 차단할 수 있다는 의미다. 그렇게만 된다면 당군과는 굳이 싸울 필요도 없다. 그저 농성(籠城)하면서 당군이 철수할 수밖에 없도록 유도할 수 있는 것이다.

어차피 한 번은 상대를 정해 전투를 치러야 한다면, 상식적으로 생각해 보아도 10여만의 당나라 군대와 맞서는 것보다는 이전부터 많은 전투를 치러 본 신라군이 좀 더 만만한 상대였을 것이다. 이 점은 "신라 사람은 이전에 여러 번 우리 군사에게 패배를 당하였으므로 지금 우리 군사의 위세를 바라보면 두려워하지 않을 수 없을 것입니다"라는 상영의 말에도 나타난다.

그렇기 때문에 상영은 일단 만만한 신라군을 격파해서 나당연합군의 의도를 원천적으로 봉쇄하고자 하는 전략을 내놓았던 것이다. 충분한 보급품을 수송할 여력이 없는 당나라 군대가 김유신의 보급부대가 도착하기 훨씬 전에 백강 상륙을 시도해서 물자 부족을 자초할 턱이 없다. 따라서 김유신 부대가 백제 영역을 통과하는 며칠 동안은 백제가 당나라 군대의 상륙을 걱정할 필요 없이 김유신 부대 격파에

힘쓸 여유가 생긴다. 그러니 백제가 일단 계백의 부대를 출동시켜 김유신 부대를 격파하려 한 것은 충분히 납득할 수 있다.

그렇다면 상영의 전략도 분명해진다. 당나라군대에 있어 가장 위협적인 요소는 열세에 있는 백제군과의 전투가 아니라 보급선 차단이다. 따라서 당군을 위협하려면 거대한 보급부대 역할을 하고 있는 신라군이 당나라군대와 합류하는 사태를 막아야 했다.

보급품을 수송하는 신라군 자체를 추적, 격파하여 당나라군대가 보급을 받지 못해 철수하는 상황을 만드는 수밖에 없었던 것이다. 나중에 구체적으로 나타나겠지만, 계백의 부대가 김유신 부대를 쫓아다니게 된 것도 이런 이유 때문이다.

이렇게 보면 상영을 필두로 한 백제 귀족들도 나름대로 일리가 있는 주장을 했다고 보아야 할 듯하다. 더 나아가 상영의 주장은 의직의 주장과 그렇게 상충되는 것도 아니다. 차이라고 해봐야, 상륙 단계에서 당군을 격퇴하는 데 주력하자는 것과 당군이 상륙하는 쪽은 진격을 지연시키는 선에서 시간을 끌며 일부 부대로 하여금 신라군을 치자는 정도의 차이다.

결국 일부 부대를 빼내 신라군을 먼저 치느냐 마느냐는 차이에 불과한 셈인데, 이 부분이 타이밍을 놓쳐야 할 정도로 결정하기 어려운 심각한 차이라고 하기는 어렵다. 실전에서 그대로 나타났듯이, 두 가지 전략 사이에는 타협점을 찾을 수도 있었다. 《삼국사기》에 그 본질적인 의도가 생략된 채, 일부만 편집된 상태로 남아 있기 때문에 오해가 생겼을 뿐이다.

백 제 의   전 략

《삼국사기》 등에는 의자왕이 주저하면서 결정을 못한 것처럼 묘사했지만, 이건 사실이 아니다. 본격적인 전투가 벌어지고 난 후, 백제군의 움직임을 보면 기습을 받고 당황해서 우왕좌왕한 군대처럼 보이지 않는다. 우선 계백이 탄현이 아닌 황산벌에서 싸워야 했던 이유부터가 그렇다.

지금까지도 도마 위에 오르고 있는 백제의 실책 중 하나는 지형적으로 유리한 탄현에서 신라군을 맞지 못하고 황산벌까지 통과를 허용한 후 싸워 패배를 자초했다는 것이다. 이런 사태가 벌어진 원인은 백제 귀족들이 탄현의 방어에 반대했기 때문이라고 알려져 있다.

그렇지만 앞에서 검토해 본 바와 같이 백제 귀족들은 탄현 방어에 반대한 적이 없다. 그러면 진짜 차이는 무엇이었을까?

자세히 살펴보면 성충·흥수는 백강과 탄현에서 적을 저지해야 한다는 점에 중점을 두고 있음을 알 수 있다. 반면 다른 대신들은 당나라군대와 신라군이 각각 백강과 탄현에 진입을 시도할 때 공격하자고 주장했다. 즉 성충·흥수는 나당연합군의 진입 자체를 막겠다는 의미가 강하고, 대신들은 진입하는 과정에서의 공격을 강조했던 것이다.

이러한 차이는 어차피 적이 진입을 시도할 때 전투가 벌어질 수밖에 없다는 측면을 감안하면 별 것 아닐 수도 있다. 하지만 타이밍에 따라서는 심각한 차이가 나기도 한다.

견해 차이는 바로 여기에 있었던 것이다. 백강과 탄현을 통과시키지 않는 데에 중점을 둔다면, 기본적으로 이 지역에 미리 병력을 배치해서 강력한 방어선을 만들어 놓는다는 전제가 붙는다.

물론 공략하기 어려운 전략 요충에 미리 방어선을 형성한다는 것 자체는 나쁠 것이 없다. 오히려 이러한 지역에서 침공해온 적을 저지해야 한다는 방어 전략의 기본에 속한다. 따지고 보면 성충과 흥수의 주장은 굳이 전략이라고까지 할 것도 없는 원론적인 이야기에 불과하다. 실전에서 이런 원론을 그대로 실천하지 못할 때에는 그만한 이유가 있는 경우가 많다. 탄현 방어의 경우도 이에 속한다고 할 수 있다. 미리 병력을 배치하여 방어선을 형성한다는 것은 주도권을 가진 공격 측이 방어선을 우회해 버리는, 나름대로의 약점도 있는 것이다. 그럴 경우 백제는 오히려 곤란하게 된다. 탄현 같이 지형이 험한 지역은 병력을 배치하기도 힘들고 빼내기도 어렵다. 신라군이 우회하게 되면 공연히 병력을 배치했다 빼냈다 하는 데 시간만 낭비하게 될 뿐이다. 그 사이 신라군은 무저항 상태로 사비까지 진군하게 될 수도 있다.

백제 측이 무턱대고 성충·흥수의 말대로만 할 수 없었던 이유도 여기에 있다. 신라에서 백제로 진격하는 가장 좋은 루트가 탄현을 경유하는 것이었다는 점에 대해서는 당시에도 인정받고 있었던 터이니 재론할 필요가 없을지도 모른다.

그러나 백제의 입장에서 고려해야 할 문제가 있다. 진격로의 선택권을 신라가 쥐고 있다는 점이다. 즉 탄현 방면의 길이 가장 좋은 진격 루트라고 해서 신라가 이 이외에 다른 대안이 없는 상황이 아니라는 것이다.

여기서 백제에게는 또 하나의 고민이 추가된다. 현대전에서라면 일단 전 전선에 병력을 배치하여 침공해오는 적에 대해 1차적인 저지를 할 수 있지만, 당시와 같은 고대전투의 규모에서는 이런 발상 자체가 불가능하다. 그렇다고 한 군데만 지키는 도박을 할 수도 없다.

이러한 상황에서는 백제도 기동부대를 편성해서 신라군의 주력을 포착하는 즉시 그 방면으로 달려가는 방법을 취하게 된다. 그러다 보면 미리 방어선을 만들어두고 기다릴 여유는 없다. 백제 대신들이 주장한 전략은 결국 이러한 것이라 볼 수 있다.

이런 사정을 알고 보면 계백이 무조건 탄현에서 신라군을 기다리는 작전을 구사할 수 없었던 이유를 이해할 수 있다. 김유신 부대의 목적은 백제의 전략거점을 공격해서 점령하는 것이 아니라 당나라 군대에 대한 보급이다. 이런 부대가 백제군과 전투를 벌이려 할 리가 없다.

통상적인 전략대로 성에서 기다리면 김유신 부대는 백제의 방어거점들을 이리저리 우회해서 빠져나가 버린다. 이렇게 되면 나당연합군에 대한 보급차단이라는 전략을 포기하는 거나 다름이 없게 된다. 상황이 상황이니 만큼 성에 의지해서 적의 공격을 기다리는 통상적인 방어 전략을 구사할 수는 없다. 계백의 부대가 굳이 김유신 부대를 찾아다녀야 했던 이유는 여기에 있었던 것이다. 그리고 이 점이 실책 때문에 요충지 탄현을 포기한 것처럼 보이게 한 원인이기도 했다. 이러한 내막을 무시한 채 실책으로 몰아버린 것이다.

그리고 백제에 있어서 황산벌 방면의 방어전은 모든 것을 건 일전도 아니었다. 미리 살펴보았듯이, 계백이 이끌었던 5천 병력은 백제가 동원할 수 있는 전 병력도 아니었고 방어에 실패하면 어기서 뼈를 묻자는 결사대도 아니었다. 계백의 부대는 백강에서 당군의 상륙을 저지할 부대를 배치해 놓은 상태에서 따로 빼놓은 일부 부대에 불과했다.

상영의 말에서 나타나듯, 당군을 견제하면서 일부 부대가 신라군을 견제하는 전략을 쓴 것이다. 이 작전이 실패하면 계백 부대는 백강에 배치된 부대에 합류, 당나라 군대의 상륙 저지에 나설 계획이었다. 그리고 백강의 상륙 저지가 마지막도 아니었다.

백제군은 백강에서 당군의 상륙저지에 실패한 이후에도 또 한 번의 저항을 시도했다. 과장은 있겠지만, 전사자가 1만여 명이나 나왔다는 기록도 있고, 소정방이 진격을 꺼렸다는 기록도 나오는 점으로 보아 제법 규모가 큰 전투였다고 보아야 한다.

계획에도 없는 우발적인 교전으로 이런 결과가 나왔을 수는 없다. 이렇게 보면 백제의 전략은 한 번의 전투에 운명을 거는 것이 아니라, 병력을 보존해가며 단계별로 적에게 조금씩 타격을 주어가면서 시간을 끄는 전략을 쓴 것이다. 그리고 이마저 실패하면 퇴각해서 사비 방어로 전환한다는 것이 백제가 취한 대응전략의 개요였다. 나름대로 타당성이 있는 전략이라고 할 수 있다. 사정을 알고 보면 당시 상황에서는 최선이라고 할 정도로 짜임새가 있는 전략인 것 같다.

그러나 결과적으로 백제는 나당연합군의 침공을 막지 못하고 쉽게 멸망당했다. 백제 측에 군사적 실책이 있었던 게 아니라면 무엇 때문에 이러한 결과가 빚어졌을까? 전략에 짜임새가 있다고 문제가 다 해결되는 건 아니다.

실전은 어떻게 진행되었을까?

백제의 대응전략은 신라군 부대의 저지, 상륙저지, 사비 방어를 순차적으로 실행한다는 것이었다. 하지만 실전에서는 어느 쪽도 순탄하지 못했다. 순탄하지 못했던 이유는 전략 자체가 나빴기 때문이 아니라, 여러 가지 요인이 불리한 방향으로 작용했기 때문이라고 보아야 할 듯하다.

먼저 황산벌 전투부터 살펴보자. 널리 알려진 것에 비해 황산벌 전투가 그렇게까지 백제에게 절망적인 전투였던 것 같지는 않다. 우선 신라군 5만이라는 것부터가 허수(虛數)다. 앞에서도 잠깐 언급했듯이 신라군 5만은 전부가 전투부대는 아닌 것이다. 또 당시 전쟁에서 5천 병력은 그렇게 적은 병력이 아니다.

그렇다고 신라군이 만만했다는 뜻은 아니다. 수송을 위해 투입되는 비전투원이 많다 해도 신라 역사상 최대의 병력이 동원된 부대다. 또 이 부대는 향후 전투의 흐름을 좌우할 수도 있는 임무를 맡고 있다. 이런 부대를 호위하는 전투부대가 호락호락한 수준이었을 리는 없다.

그럼에도 불구하고 황산벌 전투는 당시의 통상적인 전투와 비교해볼 때 계백 부대에 불리한 요인이 많았다. 우선 신라군이 우회할 수 있다는 가능성 때문에 성이라는 방어시설을 등에 업고 싸우기도 어렵다. 탄현이라는 천연의 요새를 예로 들어 보면 이해하기가 쉬울 것이다. 탄현이 아무리 천연의 요새라고 해도 신라군이 아예 탄현 방면으로 진격해오지 않는다면 방어 요충지로서의 의미가 없다. 김유신 부대가 탄현 방면을 통과하지 않았을 가능성도 크다.

그리고 실제로 김유신 부대가 탄현 방면으로 진격해왔다 하더라도 백제군이 이곳을 적시에 방어하기도 쉽지 않다. 김유신이 어느 방향을 선택해올지 모르는 상황에서 백제군이 한쪽 방면에 깊숙이 치우

황산성 산세

쳐 배치될 수가 없기 때문이다. 어느 방면으로든 쉽게 이동할 수 있는 중간 지점에 배치되어야 한다는 것이다. 이렇게 되면 약점이 생긴다. 백제군이 아무리 김유신 부대의 동태를 잘 파악하려 한다 해도 실전에서는 기만전술을 포함하여 복잡한 상황이 벌어지게 마련이므로 신라군 주력부대를 포착하기 어렵다.

또 포착했다 하더라도 그 방면으로의 이동이 적시에 이루어지기가 쉽지 않다. 따라서 백제군이 신라군의 이동을 포착하고 움직였을 때에는 이미 신라군이 탄현을 넘은 이후가 되었을 수도 있다.

이런 부분에 대해 백제가 탄현부터 그 배후에 해당하는 연산 일원에 학익진(鶴翼陣) 형태로 산성을 배치하고, 이 산성들을 통솔하기 위하여 함지산 밑에 황산성을 축조하였다고 주장하는 경우가 있다. 여기에 철통같은 방어망을 구축하였음에도 백제 지도부가 이리저리 헤매는 사이 김유신이 손쉽게 탄현을 넘어 황산벌로 진격하였다는 것이다. 백제군도 이에 맞서 연산지역의 산성에 3개의 군영을 설치했다고 본다. 그리고 관등으로 볼 때, 상영이나 충상이 백제군 최고사령관이었을 가능성이 있으며, 계백이 세웠다는 3개의 군영도 계백과 상영, 충상이 각각 세운 영채를 의미한다고까지 주장한다. 백제군이 이렇게 나오니까 김유신도 부대를 셋으로 나누어 진격시켰다고 황산벌 전투의 양상을 그려낸다.

이런 식의 주장이 나오는 바람에 황산벌 전투를 포함한 당시의 전쟁 상황 이해에 혼란이 가중되는 것 같다.

무엇보다도 계백이 산성에서 김유신 부대를 막으려했다는 발상부터가 납득이 가지 않는다. 당군은 해로를 통해서 들어올 것이고, 김유신 부대가 그들과 합류하려 한다는 사실은 백제 쪽에서도 이미 알고 있었다. 그래서 그걸 막기 위해 계백 부대를 파견한 것이다.

그런데 이런 임무를 가지고 파견된 부대가 산성으로 올라가 틀어박혀 있으면 어떻게 될까? 연산 지역이 아무리 험해도 산성을 통과해서 지나가는 길은 아니다. 그러니 백제군이 산성에 올라가 있으면 신라군은 산성을 우회해서 통과해버릴 것이고, 계백의 입장에서 이런 사태는 직무유기다.

황산성 비석

바꿔 말하면 김유신으로서는 환영할 만한 일인 것이다. 그런데도 김유신이 굳이 산성을 공격했다? 그것도 한 번에 하나씩도 아니고 병력을 셋으로 나누어서 산성에 배치된 백제군이 공격해 올까봐 선제공격을 했다는 것도 말이 되지 않는다. 신라군의 일차적인 목표는 당군과 합류하는 것이다. 그러니 산성의 백제군을 의식했다 하더라도 일부 부대가 산성에서 공격해올 경우에 대비하고, 나머지 부대는 통과하는 형태로 작전을 벌이는 게 정상이다. 산 위에 있는 산성까지 쫓아 올라가 백제군에게 달려들 필요는 없는 것이다. 게다가 이런 형태의 전투였다면 관창이 말을 타고 백제군 진영에 돌격했다는 기록도 말이 되지 않는다. 산 위에 있는 산성으로 갑옷까지 입힌 말을 타고 돌격해 들어가는 게 가능했을 리가 없기 때문이다.

상영이나 충상이 백제군 최고사령관이었을 가능성이 있다는 말도 의문이다. 그랬다면 굳이 이 부대를 '계백의 부대'라고 불렀을까? 또 많지도 않은 병력을 셋으로 쪼개서 각각 산성에 배치했을까? 여러 가지로 볼 때, 백제군이 세 군데 산성에 진을 쳤고 신라군이 병력까지 셋으로 나누어 공격해 들어갔다는 것은 말이 되지 않는다.

그러니 계백은 당연히 산 위가 아닌 아래쪽 길을 막고 진을 쳤을 것이다. 당시 상황에서 계백은 김유신 부대의 진격 방향으로 앞질러 가 제한된 시간 안에 방어선을 쳐야 했다. 그렇게 급조된 방어선은 성처럼 미리 잘 정비된 방어시설에 비해 아무래도 허술하다. 그렇다고 신라군이 쉬운 전투를 치렀다는 뜻은 아니다. 김유신 부대는 백제 영역으로 들어오면서 그 이동상황이 노출된다고 보아야 한다. 물론 위치가 파악되고 정확하게 보고되는 데까지는, 지금처럼 통신수단이 발달한 시대는 아니기 때문에 상당한 시간이 걸린다. 이런 시간적 지연을 감안하면 김유신 부대의 위치와 이동상황이 파악되는 때는 이미 백제 영역으로 상당한 거리를 들어오고 난 이후가 된다.

그렇지만 일단 황산벌에 방어선이 형성되고 난 이후에는 신라군이 급해진다. 여기서는 백제군이 방어선을 치고 기다린다는 사실을 알게 된다 해도 더 이상 우회하기가 어렵다. 무엇보다도 시간이 허락하지 않는다. 이 방어선을 돌파하고 나서도, 늦게 도착했다고 소정방에게 트집을 잡혔다. 하물며 우회했다가는 훨씬 더 늦을 게 분명하다. 충분한 보급물자를 가지고 이동했을 리 없는 당군이 오래 버틸 수가 없다.

우회하려 한다 해도 백제군이 가만히 있지 않았을 것이며, 끝까지 추격하며 신라군의 이동을 방해할 게 분명하다. 막대한 보급물자를 운반하는 부대를 통솔하고 있으니, 김유신 부대의 기동성은 형편없는 수준이다. 백제군을 따돌릴 수 없음은 물론이고, 이동 중 조금만 배치가 흐트러져도 전투력이 떨어지는 수송대가 피해를 볼 수 있다. 결국 황산벌에서는 백제군과 싸워 방어선을 돌파하는 방법 이외에는 없다.

이렇게 되면 일단 이 방면에서는 전술적으로 신라군이 불리한 상황이다. 아무리 급조된 방어선이라 해도 계백의 부대는 유리한 지형을 선점하고 있다. 이 방어선에 공격을 가해 돌파해야 하는 것이다.

상황을 파악한 김유신은 결단을 내렸다. 전투력이 떨어지는 보급부대를 뒤로 빼고, 전투부대를 앞세워 백제군 방어선에 대한 돌파를 시도했다. 그러나 쉽게 길을 내어줄 계백이 아니었다. 백제군도 결사적으로 저항했다. 좀처럼 방어선이 뚫려주지 않았다. 김유신이 4번이나 공격을 시도했지만, 모두 실패로 돌아갔다.

이 상황에서는 신라군 쪽의 분위기가 무거웠다. 돌파가 실패하면서 자꾸 희생이 늘어나다 보면 사기가 꺾인다. 그렇다고 충분한 여유를 가지고 회복을 기다릴 수도 없다. 어떻게든 시간에 맞춰 사비까지

가야하는 건 신라군인 것이다. 김유신은 급한 마음에 공격을 서둘렀겠지만, 상황은 쉽게 풀려주지 않았다. 여기서 신라 측은 극한 방법을 쓰게 되었다. 바로 반굴과 관창 같이 젊은 화랑들을 앞장세웠다.

이걸로 전황은 역전되었다. 백제군도 앞뒤 가리지 않고 달려드는 신라군을 막아낼 수 없었다. 그대로 방어선은 무너졌고, 계백은 이 전투에서 전사했다. 여기서도 이해하기 어려운 주장을 하는 경우가 있다. 계백이 산성을 거점으로 쳤던 3영을 거두고 남아 있는 병력을 집결시켜 황산벌에서 최후 격전을 벌였다는 것이다. 이렇게 산성과 험로를 버리고 평지에서 더욱 불리한 전투를 벌여 현재의 충곡리 '시장골' 부근에서 전멸했다는 것이다. 그리고 3영이 무너지자 그 배후에 있는 황산성과 청동리 산성을 거점으로 하여 신라군의 진격을 막으려 했다고 한다.

이렇게 근거 없이 황산벌 전투를 묘사해놓으니 혼선이 가중될 수밖에 없다. 애써 산성에 진을 친 상태에서 신라군이 공격해와 산성의 방어선이 무너질 정도였으면, 세 개의 산성에서 공격받는 병력을 다시 빼내 평지에 집결시킬 수 있었을 리가 없다. 더욱이 평지로 내려와 결전을 벌이고 전멸한 병력이 다시 황산성과 청동리 산성을 거점으로 하여 또 신라군을 막으려 했다는 발상이 어떻게 나오는지 모를 일이다.

이렇게 이해하기 어려운 발상으로 황산벌 전투에 투입된 백제군이 전멸했다는 식으로 몰아가고 있으니, 혼란이 생길 수밖에 없겠다. 이렇게 백제군 병력이 전멸한 게 사실이 아니라는 점만 알고 보면 황산벌 전투를 두고 백제의 입장에서 그렇게 실패한 전투라고 평가할 것도 없을 듯하다.

황산벌에서 퇴각한 백제군이 백강에 투입된 병력과 합류한 시점은 전투가 끝난 후 얼마 되지 않아서였다. 《삼국사기》〈신라본기〉에 의하면 황산벌에서 계백과 김유신이 전투를 벌인 날짜가 7월 9일이다. 그러면 당군이 백강, 웅진강 등으로도 표현되어 있는 기벌포(伎伐浦)에서 백제군과 전투를 벌인 시점은 언제일까? 조금 정확하지 않다. 그래도 대충의 계산은 나온다. 7월 12일 신라군과 당군이 '의자왕의 도성을 에워싸고자 하여 소부리(所夫里) 벌판으로 나아갔다'는 말이 나오는 것으로 보아 이때에는 신라군과 당군이 합류해 있었음을 알 수 있다.

또 다음 구절에서 김유신의 신라군과 소정방의 당군이 만나기로 약속한 날짜가 7월 10일임을 알 수 있다.

> 정방이 법민에게 말하였다.
> "나는 7월 10일에 백제 남쪽에 이르러 대왕의 군대와 만나 의자(義慈)의 도성을 깨뜨리고자 한다."

그런데 뒤에 소정방이 늦었다고 화를 낸 사실로 보아 김유신의 신라군이 소정방의 군대와 합류한 날짜는 7월 11일이 된다.

《삼국사기》〈신라본기〉에는 황산벌 전투에 대한 서술을 하면서 양쪽의 백제군이 합류한 시기에 대해서는 '於是' 라고만 적어놓았다. 이 때문에 많은 혼란이 발생한다. '於是' 를 '이 날' 이라고 해석하면 전투가 벌어진 것처럼 생각할 수 있다. 하지만 '於是' 는 상당히 많은 범위를 포함하는 시간표현이다. 따라서 이를 굳이 황산벌 전투가 벌어진 날과 같은 날이라고 해석할 필요는 없다.

신라군이 7월 10일 당군과 합류하기로 한 점을 보아 당군의 상륙 시점이 이날이었을 가능성이 있다. 그리고 황산벌에서 후퇴한 백제군이 합류할 시간이 있었을 것이므로 약간의 차이는 있었다고 보아야 할 것 같다.

여러 정황을 보아 7월 10일을 전후한 시점에 기벌포에서 전투를 치렀다고 볼 수 있다. 그렇다면 황산벌에서 전투를 벌인지 하루 정도의 시간이 흐른 이후, 기벌포에서 또 전투를 치렀다는 얘기가 된다.

이 역시 군장교의 조언에 의하면 의미심장하다. 한 전투에 투입된 병력이 2~3일 안으로 또 다른 전투에 투입될 수 있었다면 이는 부대 전력의 대부분이 보존되어 있었다는 의미라고 한다. 즉 부대 전력을 보존하며 후퇴했다는 것이다.

여기서 황산벌에서 쉽게 퇴각한 또 하나의 이유를 생각해볼 수도 있다. 젊은 화랑의 희생을 앞세운 신라군의 공세에 밀린 측면도 있지만, 애초부터 백제의 기본전략은 여기서 모든 것을 걸자는 것이 아니었기 때문에 적절한 단계에서 퇴각을 결심했던 측면도 없지 않을 것이다. 이런 점을 보면 황산벌 전투 자체는 백제군에 있어서 처음부터 계획한 대로 실행해 목적을 달성하고 후퇴한 전투이지, 실패해서 병력을 전멸시킨 전투라고 볼 필요가 없다는 얘기도 될 수 있다.

백강 방면의 사정과 전투상황

　백강 방면의 전투에 젊은 화랑의 희생을 바탕으로 돌파하는 극적인 장면은 없다. 그렇다고 나당연합군이 그저 무저항 상태에서 상륙에 성공했다는 뜻은 아니다. 백제가 결국 이 방면을 지켜내지 못했기 때문에 대부분의 사람들은 백제의 방어태세에 문제가 있지 않았겠느냐고 생각한다. 하지만 내막을 알고 보면 여기서도 여러 가지 요인이 복잡하게 얽히는 파란이 많았다.

　문제는 이러한 변수가 실전에서 어떻게 나타났느냐는 것이다. 상륙을 시도하는 때가 상륙부대에 있어서 가장 위험한 타이밍이라는 점은 동서고금을 통해 마찬가지다. 따라서 공격 측으로서는 상륙하는 시간 동안 적의 공격을 받지 않도록 적병이 배치되지 않은 지역에 상륙할 필요가 있다. 또 가급적 적이 교두보를 확보하기 전에 공격해 오지 못하도록 상륙 시간도 줄여야 한다.

　그렇기 때문에 여기서는 '타이밍'이 중요한 변수가 된다. 타이밍을 잘 맞춰 상륙하는 중에 공격을 가할 수 있다면 소수의 병력으로도 막강한 적을 물리칠 수 있겠지만, 만약 이 타이밍을 놓치면 그걸로 기회를 잃게 된다.

백강 방면의 전투에서도 탄현 방면과 비슷한 고민을 해야 했던 것도 이 때문이다. 당나라 함대가 이동하는 상황은 파악할 수 있지만, 정작 상륙부대가 정확히 어느 지점에 상륙하느냐는 알 수가 없다. 이는 순전히 당나라 지휘관의 마음에 달린 문제다. 사전(事前)에 어떤 생각을 하고 왔든, 상륙하는 그 시점에서 마음을 바꿀 수도 있는 것이다.

따라서 백제군의 입장에서는 미리 병력을 전진시켜 배치할 수가 없다. 함대의 움직임을 주시하다가 상륙하는 기미가 보일 때 병력을 이동시켜 상륙하는 적을 공격하는 전략을 써야 한다. 그렇기 때문에 실전에서는 공격하는 타이밍이 성패를 결정하는 변수가 될 수 있다.

백제 측에서는 타이밍 문제에 대해서는 일단 큰 걱정을 하지는 않은 것 같다. 당나라 함대의 움직임을 추적하는 데에는 별 문제가 없다. 10만이나 되는 병력이 상륙을 시도하게 되면 그 시간이 만만치 않게 걸린다.

더욱이 그 시대는 요즘처럼 상륙정 같은 게 개발되어 있는 때가 아니다. 대규모 상륙작전을 감행하려면 병력이 해안에 들어올 수 없는 큰 배에서 상륙이 가능한 작은 배로 옮겨 타야 한다. 당시로서는 이런 작은 배를 많이 확보해서 신라까지 끌고 오기가 곤란했을 테니 한꺼번에 많은 병력이 상륙하기는 불가능했을 것이다.

또 일단 상륙한 병력도 몸을 제대로 가누기조차 어려운 뻘 속에서 한참을 헤매야 한다. 이런 상태에서는 다음 병력을 상륙시키는 작업까지 곤란해진다. 이 과정을 반복하면서 교두보를 확보할 만큼의 병력을 상륙시키는 데에 한두 시간으로는 어림도 없다. 따라서 단순하게만 생각하면 백제 측에서 그 정도 시간에 대기하고 있던 병력이 투입되지 못할 이유는 없었다고 생각하는 게 당연했을지도 모른다.

나당연합군의 작전 개념은 기벌포에 상륙해서 사비로 진격한다는 간단한 것이었지만 그 실행까지 간단하게 이루어지기는 만만치 않았다. 함대가 백강 입구로 진입하면서 지휘관인 소정방부터 사태가 간단치 않음을 깨달았다. 백제군이 이미 배치되어 있음을 감지했던 것이다.

이렇게 백제군이 기다리고 있는 상황에서 무턱대고 상륙을 시도하면 나당연합군으로서는 낭패를 볼 수 있다. 그렇다고 함대를 끌고 백강 깊숙이 올라갈 수도 없다. 강변만 장악하고 있으면 강을 거슬러 올라가는 함대를 공격할 방법은 얼마든지 있다. 수백 미터 이상의 사정거리를 가진 노는 말할 것도 없고, 금강처럼 그리 크지 않은 웬만한 강에서는 함대가 활의 사정거리 안에 들어온다. 굳이 사람을 맞출 필요도 없다. 화살에 불만 붙여 쏘면 아무데나 꽂혀도 기본적인 효과는 낸다. 강변에서 집채만한 배들을 맞추는 게 어려울 리 없다.

반면 함대에서 강변의 적에게 반격을 가하기는 쉽지 않다. 함대의 공격방법이라고는 노와 활밖에 없다. 사정거리가 제법 긴 노는 배 위에 설치하기도 어렵고 제대로 쏘기는 더욱 어렵다. 활까지도 물위에 떠 흔들거리는 배 위에서는 조준조차 제대로 되지 않는다. 미리 대기하며 은폐·엄폐되어 있는 적을 명중시키기는 곤란하다.

따라서 적이 강변을 장악하고 있는 상태에서 함대가 강을 거슬러 올라가는 건 자살행위나 다름없다. 그렇기 때문에 함대를 끌고 적이 장악하고 있는 강을 거슬러 올라가려는 발상을 하기가 어려운 것이다.

이런 위험을 제거하기 위해서라도 어떻게든 상륙을 해야 한다. 또 상륙부대는 흔들리는 배 위에 오래 있을수록 지치게 된다. 어차피 백강 깊숙이 거슬러 올라가지 못할 바에야 시간을 끌어 좋을 게 없다. 그러나 급하다고 아무데나 상륙부대를 내려놓는 건 어리석은 짓이다. 소정방은 신중하게 상황을 파악했다. 모든 지역에 병력을 배치할 수 없는 백제군의 사정상 어딘가 빈곳이 있게 마련이다. 소정방은 정찰을 통해 해안의 병력배치 상황을 살폈다. 반대쪽 기슭에 백제군이 배치되지 않았다는 것을 간파한 소정방은 그쪽으로 부대를 상륙시켜 버렸다.

이를 시사하는 부분이 앞서 소개했던 기록 중 '정방(定方)이 왼편 물가로 나와 산으로 올라가서 진을 치자 그들과 더불어 싸웠으나 우리 군사가 크게 패하였다'라는 부분이다. 여기서 왼편물가(또는 강 동쪽 언덕)가 어느 방면을 의미하는지는 확인하기 어렵겠지만, 당나라군대가 백제군의 병력이 배치되어 있지 않던 기슭에 상륙해서 상륙 중에 받을 반격을 최소화한 것은 분명하다.

병력이 배치되지 않은 곳으로 상륙하는 것까지는 백제 측이 어떻게 해볼 수가 없었다. 함대를 공격할 수 있을 만큼 원거리 공격이 가능한 무기가 거의 없고, 전 해안선에 병력을 배치할 수 없었던 당시 상황에서 나온 변수가 이렇게 작용한 것이다.

그렇지만 백제군이라고 소정방이 이렇게 나오리라는 걸 예측하지 못한 것은 아니다. 그래도 별 수 없을 것이라고 생각했을 뿐이다. 어디에 상륙하건 뻘과 모래밭을 지나야 하는 상황은 피할 수 없다. 그렇게 해매고 있을 시간 동안 달려가서 공격하기만 하면 얼마든지 유리한 위치에서 상대할 수 있다는 게 백제 측의 계산이었다.

그러나 이 계산은 철저하게 어긋났다. 신라 측에서 묘안을 준비해왔기 때문이다. 그 묘안은 나당연합군의 상륙과정을 묘사한 기록에서 나타난다. 여기서 의미심장한 기록은 《삼국사기》 김유신 열전의 기사이다.

> 장군 소정방과 김인문 등은 바다를 따라 기벌포(伎伐浦)로 들어갔는데 해안이 진흙이어서 빠져 갈 수 없으므로 이에 버들로 엮은 자리를 깔아 군사를 진군시켜 당나라군대와 신라군이 합동으로 백제를 쳐서 멸하였다.

이러한 아이디어를 낸 주인공은 신라 장군 양도(良圖)였다. 그는 진골출신으로 대아찬(大阿湌)의 관등을 가지고 있었다. 이후 고구려 원정 때에도 뱃길을 이용했던 수군 지휘관으로 알려져 있다. 수군 전문가였던 그가 이 작전에 준비했던 것은 '버들로 엮은 돗자리'였다. 묘책 치고는 별 게 아닌 것처럼 보인다. 그렇지만 이건 백제군의 방어전략을 뿌리부터 흔들어 놓은 도구였다.

실제로 백제군은 규모 있는 부대가 상륙을 완료하고 대열을 정비하는 데에 상당한 시간이 소요될 것이라는 판단을 바탕으로 상륙하고 있는 나당연합군을 공격했다. 상륙부대가 한동안 뻘 속에서 헤맬 것이기 때문에, 어디에 상륙하건 상륙 중에 공격할 시간이 충분하다고 생각했다. 그러나 상륙부대는 이미 진을 치고 기다리고 있었다.

양도가 준비한 버들 돗자리 덕분에 병사들이 진흙 속에 빠지는 걸 막을 수 있었던 것이다. 신속한 상륙이 가능해진 건 당연하다. 바로 이 시간 지연을 막아줄 수단 덕분에 상륙해서 교두보를 확보하는 타이밍이 훨씬 빨라지게 되는 것이다. 백제군의 계산이 어긋나게 된 것은 바로 이 타이밍 차이 때문이다.

백 척의 선박을 이용하여 당나라군대와 같이 백강 입구에 상륙한 신라군은 배에 실어온 버들 돗자리를 깔아 주며 상륙부대의 앞길을 터주는 역할을 했다. 바로 상륙부대의 앞길을 개척해주는 '전투공병' 역할을 한 것이다. 신라 측의 치밀한 준비로 인하여 상륙작전에 있어서의 중요한 약점 하나를 극복했던 셈이다.

백제군은 이 점을 계산에 넣지 못해 당나라군대가 상륙하여 산 위에 진을 치고 난 이후에야 반격해왔다. 이렇게 당나라군대가 이미 교두보를 확보해버린 상태에서는 백제군이 압도적인 전력을 가진 당나라군대를 당해낼 수 없다. 백제는 상당한 희생만 치르고 퇴각해버렸다.

별 것 아닌 것 같은 버들 돗자리가 방어 부대의 공격 타이밍을 근본적으로 흔들어 놓는 작용을 한 셈이다. 이렇게 묘책을 준비해서 작전을 쉽게 성공시킨 공으로 양도는 김유신, 김인문과 함께 당 고종이 직접 포상하는 3인 중 하나가 되었다. 그만큼 작전 성공에 결정적인 역할을 했다고 인정받은 셈이다.

이렇게 해서 교두보를 확보하면 이제 백강에 설치된 장애물은 의미가 없다. 상륙부대가 제거해버리면 그만인 것이다. 그걸로 나당연합군은 사비까지 진격로가 뚫린 셈이다. 그렇다고 해서 이걸로 모든 전투가 끝난 것도 아니다. 백강에서 당군의 상륙을 막지 못한 이후에도 또 한 번의 전투가 있었다. 《삼국사기》에 나와 있는 그 전투에 관한 기록이다.

> 정방이 보병과 기병[步騎]을 거느리고 곧장 그 도성(都城)으로 나아가 30리[一舍]쯤 되는 곳에 머물렀다. 우리 군사는 모든 병력을 다 모아 이를 막았으나 또 패하여 죽은 자가 1만여 명이었다.

이렇게 전투가 이어진 점으로 보아 한 가지는 분명하다. 황산벌이든 백강이든, 그 이후에 벌어진 전투이건 백제 쪽에서는 한 번의 전투에 모든 것을 걸려 하지 않았다는 점이다. 여기서 백제의 의도가 나타난다. 백제는 압도적인 병력 우위를 가지고 있는 나당연합군을 전투에서 격파하기보다 순차적인 견제공격으로 조금씩 타격을 주어가며 힘을 빼고 시간을 끌어가려 했던 것이다.

이런 식의 장기전이 되면 대규모 병력을 가지고 원정 온 상태인 나당연합군이 견디기 어려워진다. 부흥운동이 일어난 이후, 나당연합군이 겪은 곤란을 보면 나름대로 효과를 볼 수 있는 전략이었다. 물론 결과는 좋지 않았다. 하지만 결과가 그렇게 나타난 원인은 백제의 전략이 나빴거나 내부의 분열 때문이 아니라 엉뚱한 곳에 있었던 것이다.

그러고 보면 의자왕이 "성충(成忠)의 말을 쓰지 않아 이 지경에 이른 것을 후회한다"고 했다는 말도 의심해보아야 한다. 전쟁과정을 보면 성충의 말을 무시했다고 할 만한 상황이 없다. 그렇다면 이 말 역시 계백의 부대에 '결사대'라는 말을 붙인 것이나, '백강을 저항없이 통과했다'는 말을 붙인 것처럼 후대에 역사를 정리하면서 삽입된 말일 수 있다.

제5장

의자왕을 매도한
역사학자들

백제가 망한 이유 중 하나로 의자왕이 타락했기 때문이라고 보는 시각이 많다. 하지만 실제 역사를 찾아보면 의자왕이 즉위한 후 상당기간 제법 훌륭한 업적을 쌓았다는 사실을 알 수 있다. '편견'을 가지고 의자왕을 오해한 근거는 많은 사료들이 대변해준다. 당시의 사회적 배경과 의자왕의 치적 등을 살펴보자.

의자왕의 성격이 교만 때문에 변했다?

 사실 전쟁의 양상을 왜곡시키고 의자왕에 대해서 없는 이야기까지 만들어내서 깎아내려 백제역사는 패자의 역사답게 심한 모욕을 당했다고 할 수 있다.

 의자왕은 백제의 마지막 시대를 이끌었던 왕이다. 역사학자들이 의자왕의 명예를 어떻게 떨어뜨렸는지 보려면, 결국 백제의 마지막 시대를 이끌었던 왕에 대한 평가를 보아야 할 것이다. 일부 백제사 전문가들이 의자왕이라는 인물의 이미지를 어떻게 만들어놓았는지 보자.

 일부 백제사 전문가들은 궁극적으로 의자왕이 타락했기 때문에 백제가 망했다고 생각한다. 그렇지만 이렇게 설명하려면 그 전에 처리해두어야 할 문제가 있다. 의자왕이 즉위한 후 상당기간 동안 제법 훌륭한 업적을 쌓았다는 사실이다.

그렇기 때문에 나름대로 훌륭한 치적을 자랑하던 의자왕이 결국 나라를 망하게 한 원인을 살펴볼 필요가 생긴다. 그 해답으로 중간에 의자왕이 변했다고 설명할 수밖에 없다.

의자왕이 서기 641년 무왕의 뒤를 이어 즉위했을 때만 해도 희망은 아직 남아 있었다. 그는 인간적으로 나무랄 데 없는 성품이었고, 국가 중흥의 열망에 불타 있었다. 왕태자 시절 극진한 효성으로 해동(海東)의 증자(曾子)라는 평까지 듣던 의자왕이었다.

그가 왕위에 오른 직후에 결행된 신라 침공도 눈부신 성공을 거두었다. 마침 서기 642년 연개소문이 정변을 일으켜 대권을 장악하자, 의자왕은 그와 손을 잡고 신라에 대한 대규모 공격을 개시했다. 백제군은 중국으로 통하는 신라의 서해 관문인 당항성(경기도 화성군)의 목을 죄는 한편 신라의 낙동강 방면 전선사령부가 위치한 대야성(경북 합천)을 함락시켜 경주를 가까이서 위협했다. 이 같은 전과는 의자왕의 경탄할만한 기민성과 결단력에 힘입은 바 컸다.

그러나 오래지않아 의자왕의 인간적인 약점이 노출되었다. 전투에 잇따라 승리한 의자왕은 어느덧 자만심에 빠져 독재적인 통치 스타일로 기울어졌다. 사태를 더욱 악화시킨 것이 왕비 은고(恩古)의 지나친 권력욕이었다. 백제를 멸망시킨 뒤 당나라 장수 소정방은 부여 정림사탑에 전승을 기념하는 글을 새기도록 했는데, 거기에는 멸망 당시 백제의 정치상황을 설명하여 '의자왕이 곧은 신하를 버리고 아낙네(왕비)를 너무 믿어 형벌이 오로지 충량(忠良)한 사람에게 미쳤다'고 했다.1

그런데 정말 이렇게 믿어도 좋은 것일까? 뭔가 석연치가 않다. 우선 '전투에 잇따라 승리한 의자왕은 어느덧 자만심에 빠져 독재적인 통치 스타일로 기울어졌다'는 점부터 이상하다. 이런 말이 나오게 된 근거는 무엇일까? 대표적인 사례가 바로 의자왕이 재위 17년(657)에 '서자(庶子) 41명을 좌평으로 삼고 각각에게 식읍(食邑)을 주었다'는 기록이다. 이 얘기를 겉으로만 보면 의자왕이 자기 핏줄로 백제 고위직인 좌평 자리를 다 차지하게 만들고, 막대한 식읍까지 주었다는 말로 들린다.

그렇지만 이 기록이 과연 액면 그대로 믿을만한 일인가? 이를 두고 딸까지 포함한 자녀의 수가 백 명은 넘었을 것이고, 그만큼 의자왕이 왕비 이외에도 많은 여인을 거느렸던 증거라고 보는 사람도 있다. 같은 맥락에서, 그들 슬하의 아들들에게 공히 좌평의 자리를 준

---

1 백제사연구, 이기동, 일조각, 1996

것도 여인들의 소속 가문에 위계질서를 잡지 못했던 증거로 보기도 한다. 그렇기 때문에 여인을 매개로 한 권신(權臣)의 정치 개입이 심화되었고, 권신들 사이에 일종의 세력균형이 이루어졌음을 의미할 수도 있다는 것이다.

그렇지만 이 기록이 액면 그대로는 말이 안 된다는 점에 대해서는 이미 설명한 적이 있다.

> 657년이면 의자왕이 즉위한 지 17년째로 접어드는 해이다. 만일 좌평에 임명되고 있는 왕서자들의 나이를 최소한으로 낮추어 10세 이상으로 잡고 이들이 (글자 그대로) 의자왕의 서자라고 가정한다면, 이들은 모두 의자왕이 왕으로 즉위하여 7년째가 되는 647년 이전에 태어난 것이 된다.
> 또한 시기를 빨리 잡아서 15세 때부터 이들을 낳았다고 한다면, 이들은 대략 615년부터 647년에 이르는 33년 동안 태어난 것이 된다. 다시 말해 의자왕은 생식능력을 갖춘 이후 해마다 서자만 1~2명 정도씩은 낳은 것으로 되는데, 여기에 비슷한 수의 공주도 있었다고 보아야 한다. 또 적자(嫡子)까지 감안하면 의자왕은 결국 해마다 자식을 2~4명씩 낳은 것으로 결론이 난다. 다른 식으로 표현하면 의자왕은 즉위한 지 7년째 되는 해에 이미 자식이 90명 정도에 이르렀다는 계산이 나오게 되는 셈이다.[2]

이 설명이면 현실성 없는 얘기라는 것이 금방 감이 올 것이다. 결국 의자왕이 서자 41명을 좌평으로 삼았다는 기록은 실제로 그랬다고 받아들일 수 없는 이야기라는 뜻이 되겠다. 편찬자의 어떤 숨은 의도가 있는 것인지 아니면 기사를 단순화시키는 과정에서 나타난 우연의 소산인지는 알 수 없다. 또 이러한 논리를 정당화시키기 위해서 의자왕 15년에 대규모 숙청을 통한 내부체제 정비를 단행했다고 보기도 한다. 그 근거는 황극천황(皇極天皇) 즉위년인 642년의 《일본서기》에 나오는 이 내용이다.

"금년 정월에 국왕의 어머니가 죽었고 또 아우 왕자의 아들 교기(翹岐)와 누이동생 4명, 내좌평(內佐平) 기미(岐味) 그리고 이름 높은 사람 40여명이 섬으로 추방되었습니다"라고 하였다.

이 기록을 근거로 의자왕이 귀족 세력의 견제에서 벗어나 권력 독주가 가능하게 되었다고 본다. 동시에 바로 이 점이 매너리즘에 빠지는 계기였다는 것이다. 의자왕이 즉위한 후, 15년까지는 오랜 기간 동안 자못 긴장된 생활을 해왔는데, 정적들이 제거됨에 따라 정치적 긴장에서 해방되었다. 이게 바로 다음해부터 보이는 음란과 향락 관

---

2 의자왕과 백제부흥운동 엿보기, 양종국, 서경문화사, 2008

계 기록으로 나타난다는 논리이다.

하지만 이런 논리에는 문제가 있다. 의자왕 때 대규모 숙청이 있었다는 《일본서기》 기록은 황극천황(皇極天皇) 즉위년인 642년의 일이다. 그러니 의자왕은 즉위 초반부터 정국을 장악하고 정치를 해 나아갔던 것이지, 말년에 와서야 독재적인 스타일로 바뀐 것은 아니다. 그런데도 의자왕의 태도가 중간에 바뀌었다는 주장을 하는 이유는 뭘까? 적어도 《일본서기》를 이용한 주장의 근거는 위에서 인용한 사건이 일어난 시기를 굳이 의자왕 15년인 655년으로 옮겨놓고, 이때 의자왕의 통치에 어떤 변화가 있었다느니 하면서 해석한 것이다.

《일본서기》 초기기록에 사건이 일어난 시기를 옮겨놓았다는 사실이 밝혀지고 나서 한국과 일본 고대사에 좋지 않은 영향을 주었다. 바로 걸핏하면 자기가 원하는 시기로 사건을 옮겨놓고 해석하는 현상이다. 《일본서기》도 6세기 이후에는 사건이 일어난 기록을 조작했다는 주장은 없다. 그만큼 《삼국사기》를 비롯한 주변의 역사서와 맞아 나아가기 때문이다. 그러니 아무리 《일본서기》라도, 초기기록도 아닌 7세기 중반의 사건이 일어난 시기를 10여년씩이나 틀리게 기록했다고 주장하는 것은 무리다.

합리적으로 검토했다고 하지만, 내막을 보면 자신들이 그럴듯하다고 여기는 정황에 맞다는 것뿐이다. 이런 정도의 근거로 사건이 일어난 시기를 마음대로 옮겨놓고 해석하는 주장을 받아들일 수는 없다.

🏛 대중문화에서의 확인사살

결국 현실적으로 가능하지도 않은 기록을 바탕으로 의자왕을 '자만심에 빠져 독선적인 정치를 했던 왕'으로 오해한 셈이다. 이러한 인식이 영화 같은 대중문화에 반영되면 내용은 훨씬 더 부풀려진다. 흥행이 제법 잘되어 상당히 많은 사람들이 보았던 한 영화에 이런 대사가 나온다. 나당연합군이 쳐들어와 의자왕이 중신들에게 군사를 동원하라고 했을 때 나왔던 극중 귀족들의 대사를 보자.

귀족 1 : 왕이라고 해준 건 쥐뿔도 없으면서.

귀족 2 : 툭하면 군사를 내라 마라여.

의자왕 : 나라가 망하던 말던 상관없다 이거여?

귀족 2 : 조건이 쪼까 있당 게라.

왕자 1 : 나라가 망하게 생겼는디 조건은 뭔 조건이당가?

귀족 2 : 그 나라가 우덜 나라인가 느덜 부여씨 나라제.

귀족 1 : 3년전 왕이 왕자들 41명 죄다 좌평으로 임명해 분 뒤로는 우덜 나라는 없어져버렸제.

의자왕 : 이제 맛보기다 이거여? 군사를 낼 조건이 뭐여? 그럼.

귀족 1 : 왕자들 좌평 관직을 박탈해분다면 한번 생각해보 지라.

의자왕 : 옘병하고. 필요없으니까 다 꺼져.

귀족 1 : 꺼지라면 꺼져야지.

귀족 2 : 꺼지세.

  이 장면들을 보면서 관객들이 무슨 생각을 할까? 보나마나 의자왕이 자기 자식들로 고위직을 다 채우더니 외적이 쳐들어왔을 때 귀족들의 협력을 얻지 못해, 제대로 대응하지 못했다고 생각하게 된다. 의자왕을 비롯한 백제 왕족과 귀족들도 정말 한심한 사람들이라고 여길 것이다.

  이 영화를 홍보하는 과정에서 한 주연급 배우가 '역사를 철저하게 고증을 했다'는 말을 한 걸로 기억한다. 물론 역사전문가도 아닌 배우의 말에 시비를 걸고 싶은 생각은 없다. 하지만 극중이건 홍보에서이건 이런 한마디 한마디가 의자왕이나 백제의 이미지가 망가지는 데에는 엄청난 영향을 준다. 특히 흥행이 성공한 영화일수록 그 영향은 더 크다.

  이런 콘텐츠에서 현실적으로 있지도 않았고 있을 수도 없었던 사실을 근거로 의자왕을 권력욕에 사로잡혀 해서는 안 될 일을 한 왕으로 만든 셈이다. 이렇게 사람들의 뇌리에 박힌 이미지는, 나중에 아무리 사실이 밝혀진다 하더라도 바뀌기는 쉽지 않다. 그만큼 사람의 편견이라는 것은 고쳐지기 어렵다. 바로 이런 기반을 일부 역사학자들이 닦아놓은 셈이다.

그렇지만 이런 영화로 대중들에 박혀버린 이미지와는 다른 해석이 가능성을 제기하기도 한다. 의자왕에 의하여 새롭게 전개되고 있던 조정 내부의 정계개편이라는 중요한 역사적 사실이 담겨 있다는 것이다.

이렇게 볼 경우 왕서자는 반드시 의자왕의 서자를 의미한다고 볼 필요가 없다는 입장을 취하게 된다. 의자왕은 물론, 이전 시대의 왕을 포함하는 모든 왕의 서자 출신 및 그 주변 인물들까지 포함한다고 보아야 한다는 것이다. 이들을 기용한 이유도 왕권 강화라는 맥락에서 설명된다. 자신의 정치노선에 협조적인 인물들로 정계를 채우고 있는 모습을 보여준다는 해석이다.

물론 이렇게 가까운 인척관계에 있는 사람들로 고위직을 채운 것 자체가 권력독점을 추구한 것 아니냐고 생각할 사람도 있을지 모르겠다. 하지만 여기서는 당시의 시대상황을 감안해야 한다. 당시 같은 신분제 사회에서는 '신분'이라는 것 자체가 혈연관계로 만들어진다. 즉 왕실과 혈연적으로 가까울수록 높은 신분이 된다. 그러니 왕실과 혈연적으로 가까운 사람들이 고위직을 차지하는 게 당시로서는 당연한 일이었다. 이런 점은 신라 골품제도 마찬가지다.

그러니 민주주의 사회를 기준으로 '왕실과 가까운 사람들이 고위직을 차지했으니 권력독점'이라는 식의 논리는 조금 무리가 있다. 또 이런 사태를 멸망의 원인으로 연결시키는 것도 마찬가지가 될 것이다.

백제가 외교전에서 실패했다?

의자왕이 자만심에 빠져 독선적인 정치를 했다는 것이 별 근거 없는 이야기라면 다른 문제들은 어떨까? 의자왕의 문제점은 대개 이렇게 정리되어 있다. 하늘을 거스르는 무도한 행위, 이웃나라와의 불화, 충신을 핍박하고 아첨을 좋아한 일, 천자의 뜻을 거역한 일, 요녀가 국권을 찬탈하고 현량을 주살한 일 등이다.

여기서 하늘을 거스르는 무도한 행위는 너무 구름 잡는 것 같은 죄목이니 일단 제외하자. 그러면 이웃나라와의 불화부터 살펴보아야 하겠다. 이는 천자의 뜻을 거역한 일과 일맥상통하니 한꺼번에 두 가지 죄목을 검토해볼 수 있을 것 같다. 따지고 보면 이 죄목들은 당시 백제의 외교에 대한 평가라고 할 수 있다.

무엇보다도 의자왕이 범한 큰 과오는 백제를 둘러싼 국제관계의 변화에 제대로 대응하지 못한 점이다. 당은 신라 측의 끈질긴 한반도 개입요청을 받아들여 백제에 사신을 보내어 신라와 화평 관계를 꾀하도록 외교적 압력을 가했다. 그러나 의자왕은 이 같은 권고를 거듭 묵살했다. 서기 652년 백제는 더 이상 사신을 보내지 않음으로써 당과의 관계를 사실상 단절했다. 백제를 치기로 한 신라와 당 양국 간의 비밀 협약이 한창 무르익어 가던 절박한 때에 이는 돌이킬 수 없

는 외교적 실책이었다.[3]

　이를 요약해보면 신라를 지나치게 압박하여 당의 침략을 불러왔으면서도 그 변화를 제대로 인식하지 못할 만큼 안이했다는 비판이다. 그 결과 백제를 고구려 정벌의 후원세력으로 여겨온 당의 정책이 졸지에 백제를 정벌대상으로 삼게 되는 변화가 생겼다고 본다.
　이러한 평가에는 전제조건이 있다. 신라와의 빈번한 전쟁으로 국력이 더욱 피폐하게 된 상황에서 나당연합군이라고 하는 적대세력의 군사적 압력을 받아 여러 모순이 상승작용을 함으로써 백제가 멸망했다는 발상을 깔고 있는 것이다.
　그러다보니 백제의 외교에 대해서도 이 편견이 그대로 연장될 수밖에 없었다. 고대사학계의 일반적인 학설에서는 백제가 약자의 입장에서 외교정책을 폈고, 또 그래야 했다는 편견이 있다.
　냉정하게 상황을 검토하고 내린 평가는 아닌 것 같다. 이와 같이 외교정책의 기반이 되는 백제와 신라의 기본적인 전력에서부터 제대로 이해하지 못하고 있었으니, 외교 문제라고 제대로 인식하고 있었을 리가 없다.
　우선 백제가 당의 움직임을 묵살하고 안이한 정책을 고집하고 있었다는 시각부터가 사실과 다르다. 의자왕 3년의 기록을 보면 당의

---

[3] 백제사연구, 이기동, 일조각, 1996

요구에 따라 군대를 철수시킨 사례가 나타나는 것이다. 사태가 심각하다고 느끼면, 상당한 투자를 하고 감행했던 침공을 중단하기도 했다는 뜻이다.

의자왕 때뿐 아니라 무왕 28년에도 비슷한 사례가 나타난다. 이를 보면 백제 측에서 무조건 당의 요구를 묵살하기만 한 것이 아니라 상황에 따라 유연성을 가지려 노력했다는 점을 알 수 있다.

의자왕대 초기의 외교적 유연성을 의자왕 말년의 외교와 구분하지 않는 게 문제라고 하는 사람도 있다. 의자왕 말년에는 당의 요구를 묵살하고 끝끝내 신라를 압박하고 있었으니 무왕 때와 의자왕 초기에 보인 유연성은 아무런 의미가 없다는 말이 된다.

하지만 이건 모든 것을 결과에만 끼워 맞춘 해석일 뿐이다. 일단 시기와 상관없이 백제가 초지일관 당의 요구를 묵살할 만큼 경직된 외교정책을 밀어붙이고 있지 않았다는 것만은 분명하다. 이런 점이 분명하다면 무왕 때와 의자왕 초기에 신라에 대한 전쟁을 중지할 정도로 압력을 조절하던 백제가 무엇 때문에 의자왕 말년에는 당의 요구를 무시하고 신라를 계속 압박했느냐는 이유를 찾아보는 게 순리이다. 이런 사실을 무시하고 무조건 당의 압력을 묵살했으니 외교를 잘못한 것이고 그래서 망했다고 해석하는 것은 무리일 수 있다.

백제의 입장에서 생각해보면 당의 요구를 묵살했던 게 그렇게 무리라고 하기도 어려울 것 같다. 고대사학계의 일반적인 논리는 결국 백제가 신라에 넣은 압박이 불필요할 만큼 지나친 것이었다는 뜻이 될 수밖에 없다. 이런 논리이기 때문에 신라와의 관계가 악화되어 결국 당의 침략까지 받게 된 것도 안이하게 대처한 백제 탓으로 돌리게 되는 셈이다.

그렇지만 조금만 더 생각해보면 이걸 굳이 '백제 탓'이라고 할 만한 상황은 아니다. 본질적으로 백제와 신라의 관계가 악화된 근본적인 원인은 성왕 때에 신라가 백제를 배신하고 지금의 한강유역을 탈취해 간 데에 있었다. 이런 상황에서 아무 조건 없이 신라와의 관계를 개선시켜야 했다는 발상은 험악한 정복국가 시대에 배신당해 영토를 빼앗기는 상황에서도 참아야 했다는 논리밖에 되지 않는다.

당시 당의 목표는 한반도 지역의 평화정착 같은 것이 아니다. 이 지역 국가들의 분쟁을 자신에게 유리하게 이용하려는 의도였으며, 더 나아가 애초부터 신라까지 병합하려는 계획을 보였다.

천자의 뜻을 거역한 죄?

이렇게 보면 의자왕이, 그 동안 신라에게 잃었던 지역을 되찾겠다는 정책에 간섭하는 당의 참견을 끝까지 참아야 했다는 생각 역시 무리다. 백제의 입장에서 생각하면 다르게 평가할 여지도 있다. 의자왕은 고구려를 협공하자는 당의 요구를 들어주는 척만 하며 실제로는 백제의 숙원사업을 추진해 나아갔다.

전력을 다해 당의 군사적 원조를 얻느라고 백제와 고구려를 멸망시키고 난 후, 상당한 희생을 치러야 했던 신라와 비교되는 장면이다. 결과만 의식하지 않는다면, 남의 싸움에 말려들지 않고 그 동안 신라에게 잃었던 영토를 착실히 되찾아 오는 실리정책을 폈다고 평가할 수도 있다.

뒤집어 말하자면 지금까지 나온 많은 주장이 신라와 당의 연합 때문에 백제가 망했다는 결과를 전제로 놓고 나온 '결과론'에 불과할 수 있다는 얘기다. 그리고 보면 백제가 외교에서 특별히 잘못해서 멸망을 자초했다는 식의 논리가 성립하는 것 같지는 않다.

그런데도 무엇 때문에 전문가들까지 백제가 외교를 잘못했다는 생각에 사로잡혀 있을까? 그 뿌리는 《삼국사기》 편찬자들에게로 거슬러 올라가야 할 것 같다. 《삼국사기》에는 〈백제본기〉 마지막 부분에 백제가 망한 원인을 다음과 같이 설명했다.

> 대대로 신라와 원수가 되고 고구려와는 계속 화호하여 [신라를] 침략하고, 이익을 따르고 편의에 좇아 신라의 중요한 성과 큰 진(鎭)을 빼앗아 가기를 마지않았으니, 이른바 '어진 사람과 친하고 이웃과 잘 지내는 것이 국가의 보배'라는 말과는 틀린다. 이에 당나라의 천자가 두 번이나 조서를 내려서 그 원한을 풀도록 하였으나 겉으로는 따르는 척하면서

속으로는 명령을 어기어 대국에 죄를 얻었으니 그 망하는 것이 또한 당연하도다.

이 내용을 가만히 들여다보면 일부 현대 백제사 전문가들의 주장과 별 차이가 없다. 그들이 《삼국사기》에 나오는 이 말을 현대어로 번역·해설해놓은 데에 불과한 거 아니냐는 의구심이 들 정도다. 즉 일부 백제사 전문가들이 《삼국사기》의 이른바 '사론(史論)'이 담고 있는 내용을 거의 그대로 옮겨 놓고 있다.

그런데 《삼국사기》의 사론은 어떤 맥락에서 쓰여졌을까? '당나라의 천자가 두 번이나 조서를 내려서 그 원한을 풀도록 하였으나 겉으로는 따르는 척하면서 속으로는 명령을 어기어 대국에 죄를 얻었으니 그 망하는 것이 또한 당연하도다' 라는 구절이 주목된다.

한마디로 말해서 천자의 뜻을 거역했으니 나라가 망하는 게 당연하다는 말이 된다. 이 구절이 백제가 망한 원인 중 하나를 천자의 뜻을 거역한 일로 지목하는 태도와 일맥상통한다는 점을 알 수 있다. 이것이 무슨 뜻일까? 마치 백제가 당 황제의 명령을 당연히 따라야 하는 것처럼 여기는 태도가 아닌가?

사대(事大)를 당연한 예법으로 여겼던 전근대 사가(史家)들은 이런 인식을 할 수 있다고 치자. 하지만 이런 인식과는 전혀 다른 세계관을 가지고 있는 현대 역사학자들이 무엇 때문에 이런 논리를 따라가는지 이해가 가지 않는다.

백제를 당의 속국으로 여기지 않는 바에야 '당 황제의 명령에 따르지 않은 게 죄'라는 논리를 받아들일 수는 없을 것이다. 그렇다면 의자왕이 말년에 당의 요구를 묵살하고 신라에 대한 압박을 그치지 않은 것도 나름대로의 계산에 의한 외교적 독자노선으로 볼 수는 없을까? 이를 무엇 때문에 굳이 외교적 실책으로 여기는지 모를 일이다.

백제가 망한 원인이 오만 때문?

김유신 열전에 '백제는 오만해서 망했다'는 말이 나온다. 이 말을 빌미로 '백제는 자부심 때문에 스스로 무너져 내렸다'고 생각하는 사람도 있다. 백제의 목간과 이를 토대로 그려본 사비도성이 그런 생각을 들게 해준다고 한다.

여기서 결정적인 단서는 양서(梁書)에 나오는 에피소드에서 찾는다. 에피소드의 내용은 대충 이렇다. 548년 양(梁)의 무제(武帝)는 후경(侯景)이라는 자의 반란으로 유폐되었다가 죽음을 당한다. 이듬해 이런 사실을 모르고 양(梁)의 수도에 도착했던 백제 사신단은 궁성이 황폐해진 것을 보고 눈물을 흘리며 통곡했다. 당연히 후경은 크게 노해 백제 사절단을 잡아 가두었고, 이들은 후경의 반란이 진압된 이후에야 풀려나 돌아올 수 있었다.

이 삽화(揷話)가 명분을 위하여 죽음을 불사하는 '문명인(文明人)'의 자부심을 보여준다고 한다. 이러한 의식은 중국 귀족문화에 대한 백제인의 동경과 답습 등에서 새겨났다고 본다. 귀족의 개인용 변기인 호자(虎子), 차(茶)문화, 양(梁)의 무덤양식을 그대로 베낀 무령왕릉, 서예가로 유명한 소자운(蕭子雲)의 글씨를 금화 수백만을 주고 사들인 일화 등이 이를 보여주는 사례라고 덧붙인다.

그만큼 웅진·사비시기 백제지배층은 일상의 삶에서 죽음까지 중국과 차이가 나지 않게 보이려고 노력했다. 그 결과 웅진시대에 와서는 자신들이 중국에 뒤지지 않는 소중화(小中華)의 문명인을 자부할 수 있게 되었다. 신라를 이길 수 없었던 원인도 여기서 찾는다.

> 신라가 자존심을 벗어던지고, 당(唐)의 복식과 천자의 연호(年號)를 받아들일 때, 백제는 신라보다 더 자주 당(唐)에 찾아가 조공하는 '착한 이웃'임을 인식시키는 것으로 충분하다고 생각했다. 거짓말만 하는 신라의 험담에 귀 기울이지 말고 백제의 충심을 알아주기를 빌었다. 그러나 중화(中華)는 사이(四夷)의 굴복을 원했지, 자신들과 어깨를 견주는 문명화된 소중화를 바라지 않았다.

백제는 문명국의 자부심으로 신라를 야만으로 대했고, 수·당에 대해서도 문화적으로 조금도 뒤떨어지지 않는다는 감출 수 없는 '오만'을 갖고 있었다. 이것이 백제가 신라보다 새로운 세계질서에 적응하여 융통성을 발휘하지 못한 원인이었다.⁴

이러한 맥락에서 '백제는 둥근 달[月輪]과 같고 신라는 초생달[月新]과 같다'라는 말도 백제 지배층의 일그러진 오만을 조롱한 것으로 본다. 이 주장을 정리해보면 이렇게 될 것 같다.

백제 지배층은 중국을 닮으려고 많은 노력을 했다. 그래서 결국 백제는 자신을 또 하나의 중화(中華), 천하의 중심으로 여기게 되었다는 것이다. 이러다 보니 이웃 신라는 '야만' 취급을 했고, 수·당에 대해서도 밀리지 않고 버틸 만큼 '오만'해졌다. 그 결과 새로운 세계질서에 적응하여 융통성을 발휘하지 못해 멸망했다.

그런데 좀 이상한 것 같지 않은가? 당시에 중국의 문물을 도입하려던 움직임이야 동아시아 사회의 유행이었으니 그렇다 치자. 하지만 이런 '중국 배우기'가 주체성까지 팽개칠 정도의 '무조건적인 중국 닮아가기'였던가?

생각해보면 '소중화'라는 말을 여기서 쓰는 것도 어폐가 있다. '소중화'란 기본적으로 중화주의적인 질서를 인정한 상태에서 그 정신을 충실하게 답습하고 있는 점에 자부심을 갖는다는 의미가 강하다.

---

4 목간이 들려주는 백제 이야기, 윤선태, 주류성, 2007

그래서 원래의 중화인 명(明)이 망한 상태에서 조선이 그 대체 역할을 해야 한다는 뜻으로 조선후기 성리학자들이 많이 썼던 말이다. 이와 같이 '소중화'라는 말 자체가 원래의 '중화'를 인정한 상태에서 그에 버금간다는 뜻이니, 중화와 '어깨를 견준다'는 말이 나올 수 없다.

그런데 이런 개념이 백제에 적용된다는 것은 납득이 가지 않는 일이다. 또 백제가 이른바 '소중화' 의식을 가지고 있었다면 신라를 야만으로 여겼다는 것도 앞뒤가 맞지 않는다. 이런 의식을 가지고 있으면, 중화주의적인 질서에 저항하는 게 '야만'인 것이지, 여기에 편입되려고 안간힘을 쓰는 것을 야만으로 여기자는 뜻이 아니기 때문이다.

더구나 백제 자신이 중화주의적 질서의 핵심 세력인 중원의 수·당 제국에 반항하거나 이들과 어깨를 견주려한다는 발상을 하기도 어렵다. 이렇게 이해하기 어려운 발상을 가지고 당시의 국제관계를 보니까 논리적이지 않는 해석이 나오는 것 같다.

'거짓말만 하는 신라의 험담에 귀 기울이지 말고 백제의 충심을 알아주기를 빌었다'는 설명은 당(唐)을 사이에 두고 벌인 외교전이 마치 남녀 사이의 삼각관계처럼 비춰진다.

예나 지금이나 국제관계라는 것은 냉정하게 자기 나라의 이익을 따져 맺어지기 마련이다. 이런 관계를 설명하면서 '착한 이웃', '험담', '충심' 등등의 용어가 등장하는 것은 적절하지 않다. 게다가 백제가 '물불을 가리지 않고 덤비는 야만적인 신라를 이길 수 없었다'는 말도 납득할 수 없다.

자세히 살펴보아야 할 부분은 성충의 발견이다. 성충처럼 후일 나당연합군의 백제 침공로와 나당동맹의 결성, 침공가능성 등 국제정세 변화를 읽어낸 백제 지배층이 있었다는 점이다. 이는 백제가 당시의 국제정세 변화를 읽지 못했다는 기존의 판단이 잘못되었음을 의미한다는 해석으로까지 설명될 수 있다.

그런데 성충의 부분은 백제사 전문가뿐 아니라 역사에 관심을 갖는 사람에게는 단순한 상식일 뿐이다. 이런 상식을 바탕으로 해서 얻은 백제 멸망의 해답이 왜 하필 김유신의 말 중에 나오는 '오만'인지 이해하기가 어렵다.

더욱이 여기에 무엇 때문에 생물학적 과진화(過進化)라는 개념까지 등장해야 하는지는 더욱 모를 일이다. 한 종류의 생명체가 과도하게 전문화되면 환경변화에 적응할 수 없게 되듯이, 백제도 남북조의 질서에 과도하게 전문화된 또 하나의 '소중화'였기 때문에 새로운 세계 질서에 적응하여 융통성을 발휘하지 못했다는 것이다. 그런데 이와 같이 조선후기 성리학 원리주의자들이나 하던 발상을, 유교이데올로기가 완전히 사회를 지배하는 상황이 아니었던 백제 사람들도 했다는 주장을 받아들여야 할까?

이렇게 연결되는 논리를 보면 결국 백제는 '오만' 때문에 당(唐)의 비위를 맞추지 못해서 망했다는 얘기밖에 안 된다. 백제가 외교를 잘 못해서 망했다는 평범한 논리와 별 차이가 나는 것 같지 않다. 평범한 이야기를 공연히 '소중화' 같은 개념을 이용해 어렵게 설명하는 것이 아닌가 싶다.

외척의 횡포가 결정타였을까?

다음으로는 '충신을 핍박하고 아첨을 좋아한 일'과 '요녀가 국권을 찬탈하고 현량을 주살한 일'이라는 죄목이다. 이 또한 두 가지 죄목으로 나뉘어 있지만, 사실상 같은 맥락의 죄목이라고 할 수 있다.

여기서 '요녀'는 여러 가지 기록을 종합해 볼 때, 왕비를 지목하는 것이라 할 수 있다. 그러니까 왕비를 중심으로 하는 외척세력이 나서서 제대로 된 사람이 백제 정부에 남지 않아, 결국 망하게 되었다는 뜻으로 볼 수 있겠다. 의자왕의 타락 그리고 실책과 함께 왕비를 중심으로 한 왕족의 부패와 정치문란을 백제 멸망의 원인으로 지목하는 셈이다.

그런데 이 또한 확실한 죄목이 될까? 동아시아 왕조의 멸망 원인을 꼽을 때 '외척의 횡포'는 빠지지 않고 등장하는 요소다. 다시 말하자면 백제라는 나라에게만 특별히 적용되는 요인일 수 없다는 뜻이다.

사실 왕비를 중심으로 한 외척의 횡포가 극심하게 나타났던 시기에도 왕조가 명맥을 유지한 경우가 많다. 따라서 왕비를 중심으로 한 외척의 횡포가 백제 멸망의 이유였다고 하려면 이것이 멸망에 직접적으로 영향을 주었다는 근거가 나타나야 한다.

하지만 그런 근거가 제시되는 경우는 거의 없다. 물론 왜 근거가 없느냐고 생각하는 사람이 대부분일 것이다. 얼핏 보기에는 《삼국사기》,《일본서기》, 대당평백제국비명(大唐平百濟國碑銘) 등 계통이 다른 사료에 비슷한 내용이 나타난다. 그러니 신뢰성이 큰 것처럼 생각하기 쉽다.

그렇지만 내막을 알고 보면 꼭 그렇지도 않다. 사실 전문가들도 헛갈리기는 마찬가지다. 어떻게 헛갈리는 걸까? 우선 중심이 되는 대당평백제국비명의 내용부터 살펴보자.

> (상략) 준동하는 이 오랑캐들이 도주(島洲, 섬)에서 목숨을 훔치며, 요해처에 있는 구이(九夷)는 만리에 뚝 떨어져 있어서 이 지세가 험함을 믿고 감히 천륜(天倫)을 어지럽혀 동쪽으로는 가까운 이웃을 쳐서 가까이 중국의 (밝은) 조칙(詔勅)을 어기며, 북쪽으로는 역수(逆豎)와 연계되어 멀리 효성(梟聲)에 응한다. 하물며 밖으로 곧은 신하를 버리고 안으로 요망한 계집을 믿어 오직 충성되고 어진 사람한테만 형벌이 미치며 아첨하고 간사한 사람이 먼저 총애와 신임을 받아 표매(標梅)에 원망을 품고 저축(杼軸)에 슬픔을 머금는다. (하략)

고대사학계에서는 이 내용 중 마지막 부분인, '밖으로 곧은 신하를 버리고 안으로 요망한 계집을 믿어 오직 충성되고 어진 사람한테만 형벌이 미치며 아첨하고 간사한 사람이 먼저 총애와 신임을 받아 표매(標梅)에 원망을 품고 저축(杵軸)에 슬픔을 머금는다' 라는 구절을 외척의 횡포를 말해주는 대목으로 여긴다. 사실 액면 그대로 보면 별 문제가 없는 것처럼 보인다.

그렇지만 여기에는 감안해야 할 점이 있다. 정복자가 침략을 정당화하려고 백제가 망할 수밖에 없음을 내세우기 위하여 서술한 만큼 문면 그대로 다 믿을 수는 없다는 점이다. 즉 대당평백제국비명은 정복자가 침략을 정당화하려고 백제가 망할 수밖에 없었던 이유를 찾는 측면이 있음을 감안해야 한다.

그런데도 무엇 때문에 결국은 비문 내용 대로 외척의 횡포가 백제를 망하게 한 이유라고 볼까? 이유는 대당평백제국비명의 비문뿐 아니라 《일본서기》에도 뒷받침되는 내용이 나온다는 것이다.

'대당평백제국비명 비문 내용이 《일본서기》 기술(記述)과 부합되는 일면을 보여, 의자왕이 권력 운영에서 왕비에 의존한 편벽된 면을 보였던 것은 어느 정도 인정할 수 있으리라 본다' 고 하는 주장에서 사실상 액면 그대로 믿고 있음을 알 수 있다.

그렇지만 대당평백제국비명을 뒷받침해준다는 《일본서기》 기록을 직접 살펴보자.

어떤 이는 말하기를 "백제는 스스로 망하였다. 임금의 대부

대당평백제국비명이 있는 정림사지 5층 석탑

탑에 새겨진 대당평백제국비명

인(大夫人)이 요사스럽고 간사한 여자로서, 무도하여 마음대로 권력을 빼앗고 훌륭하고 어진 신하들을 죽였기 때문에 이러한 화를 불렀다."

내용 자체만 보면 외척의 횡포를 확실히 말해주는 증언인 것처럼 보인다. 하지만 이를 근거로 지목한 당사자도 스스로 인정했듯이, 이 글은 백제 멸망을 직접 겪은 사람의 냉정한 분석이 아니다. 이 구절은 《일본세기(日本世記)》를 쓴 도현이 다른 사람의 언급을 인용한 내용이다. 그리고 이 내용이 다시 《일본서기》에 인용된 것이다. 이렇게 보면 세 단계 정도의 인용을 거쳐 비로소 기록된 내용임을 알 수 있다.

이러한 점을 감안하고 이 기록들을 보면 다시 생각할 여지가 있다. 전근대 사회에서 외척이 나서는 일은 나라의 멸망 요인으로 빠지지 않고 꼽히는 원인이었다. 그러니 백제가 망한 이유도 여기에 있었다고 말하는 사람이 나오는 것도 당연하다. 이런 말들이 수록되다 보면 실제 역할 여부에 상관없이 당시 기록에 등장하는 것도 이상할 것이 없다.

이에 비해 백제가 멸망하는 과정에서 일어난 사건들을 분석해보면 외척의 횡포에 영향을 받을 만한 문제가 눈에 띄지 않는다. 전략 수립에 문제가 있었던 것은 아니고, 병력동원 규모를 보아서도 내부 문제가 있었던 것 같지 않다.

더욱이 백제 멸망의 직접적인 원인이 된 사비성 함락에 있어서는 의자왕의 선택이 결정적인 단초였을 뿐, 외척의 영향은 나타나지 않는다. 하다못해 외척을 시사하는 단어 하나 등장하지 않는다. 따라서 기록들에 원론적 언급이 나타나 있다고 외척의 횡포에 의한 정국 혼란이 백제 멸망의 이유라고 단정하는 것은 신중하지 못하다.

의자왕이 침공의 낌새도 눈치채지 못했다?

의자왕을 형편없는 왕으로 평가하다보니, 나당연합군의 침공에 대하여 낌새조차 눈치채지 못했던 왕으로 만들었다. 다음 내용이 그러한 취지에서 쓰여진 구절들이다.

> 서기 660년 당의 침략군이 신라와의 사전 협약에 따라 서해로부터 금강 하구에 소리 없이 진입하여 상륙작전을 개시한 뒤 사비도성을 유린한 것은 엄연한 역사적 사실이다.[5]

> 이처럼 백제가 신라와의 국경전에서 헛되이 국력을 소모하는 동안 내부사정은 차츰 악화되어 갔다. (중략) 바야흐로 백제 상공에는 잔뜩 먹구름이 닥쳐오고 있었으나, 의자왕은 전혀 그 낌새를 눈치채지 못했던 것이다. 서기 660년 여름 신라와 당 연합군의 침공은 백제로서는 그야말로 청천백일(靑天白日)하의 날벼락이었다.[5]

아무리 말년의 의자왕을 무능하고 독선적인 왕으로 여기는 것이

---

[5] 백제사연구, 이기동, 일조각, 1996

일반적인 경향이라지만, 그래도 이 내용은 다시 생각해야 할 부분이다. 여기서도 백제가 당의 침공을 짐작도 하지 못했다는 점을 보여주기 위하여 근거가 되지 않는 근거를 제시한다. 그렇게 활용되는 기록이 《일본서기》 제명천황(齊明天皇) 5년의 기록이다.

> 일을 마친 후 칙서를 내려 '국가가 내년에 반드시 해동(海東)을 정벌하는 일이 있을 것이다. 너희 왜의 사신들은 동쪽으로 돌아갈 수 없다' 고 하였다. 드디어 서경(西京)의 특별한 곳에 가두어 두고 돌아다니지 못하게 하니, 고달프고 괴롭게 해를 보냈다…….

이 내용을 두고 당이 백제 침공 사실이 알려지지 않도록 이렇게 철저한 보안을 유지했다는 근거로 삼는다. 하지만 이건 당이 그렇게 기밀 유지를 위하여 신경을 썼다는 얘기일 뿐이지, 그렇다고 백제가 정말 '낌새조차 눈치채지 못했다' 는 점을 보여주는 것은 아니다.

사실 아무리 감추려 해도 감추기 어려운 것이 비밀이다. 특히 대규모 군사작전은 워낙 국가적으로 크게 움직이는 상황이 많이 벌어지기 때문에 어떤 식으로든 징조가 나타나기 마련이다. 백제가 그렇게 나타나는 징조를 두고 최소한 침공의 낌새조차 알지 못했다는 말은 무리이다. 그 점은 《삼국사기》 의자왕 20년 기록에서 명백하게 나타난다.

[당나라] 고종(高宗)이 조서를 내려 좌무위대장군(左武衛大將軍) 소정방(蘇定方)을 신구도행군대총관(神丘道行軍大摠管)으로 삼아 좌효위장군(左驍衛將軍) 유백영(劉伯英)·우무위장군(右武衛將軍) 풍사귀(馮士貴)·좌효위장군(左驍衛將軍) 방효공(龐孝公)을 거느리고 군사 13만 명을 통솔하여 와서 [백제를] 치게 하고, 아울러 신라 왕 김춘추(金春秋)를 우이도행군총관(嵎夷道行軍摠管)으로 삼아 그 나라의 군사를 거느리고 [당나라] 군사와 세력을 합하게 하였다. 소정방이 군사를 이끌고 성산(城山)에서 바다를 건너 우리 나라 서쪽의 덕물도(德物島)에 이르렀다. 신라 왕은 장군 김유신을 보내 정예 군사 5만 명을 거느리고 [백제 방면으로] 나아가게 하였다. 왕이 이를 듣고 여러 신하들을 모아 싸우는 것이 좋을지 지키는 것이 좋을지를 물었다.

이 내용이 보여주는 바가 무엇일까? 당과 신라가 쳐들어온다는 사실을 알고 의자왕이 대책을 세우기 위해 신하들을 불러 모았다고 한다. 그리고 실제로 논의를 했다. 같은 의자왕 20년에 나오는 기록이 그 점을 보여준다.

좌평 의직(義直)이 나와 말하였다.
"당나라 군사는 멀리 바다를 건너왔으므로 물에 익숙지 못한 자는 배에서 반드시 피곤하였을 것입니다. 처음 육지에 내려서 군사들의 기운이 안정치 못할 때에 급히 치면 가히 뜻을 얻을 수 있을 것입니다. 신라 사람은 당나라[大國]의 후원을 믿는 까닭에 우리를 가벼이 여기는 마음이 있을 것인데 만일 당나라 군사가 불리하게 되는 것을 보면 반드시 의심하고 두려워하여 감히 기세 좋게 진격하지는 못할 것입니다. 그러므로 먼저 당나라 군사와 승부를 결정하는 것이 좋을 것으로 압니다."

달솔(達率) 상영(常永) 등이 말하였다.

"그렇지 않습니다. 당나라 군사는 멀리서 와서 속히 싸우려고 생각하고 있으므로 그 예봉(銳鋒)을 감당하지 못할 것입니다. 신라 사람은 이전에 여러 번 우리 군사에게 패배를 당하였으므로 지금 우리 군사의 위세를 바라보면 두려워하지 않을 수 없을 것입니다. 오늘의 계책은 마땅히 당나라 군대의 길을 막아 그 군사가 피로해지기를 기다리면서 먼저 일부 군사로 하여금 신라군을 쳐서 그 날카로운 기세를 꺾은 후에 형편을 엿보아 세력을 합하여 싸우면 군사를 온전히 하고 국가를 보전할 수 있을 것입니다."

이러한 내용이 명백하게 남아 있는데도 어떻게 낌새조차 몰랐다고 할 수가 있을까? 제법 이른 시기에 나당연합군의 침공을 감지했음을 시사하는 기록도 있다. 바로 흥수(興首)에 관련된 내용이다. 고마미지현

(古馬彌知縣)에 유배되어 있었던 흥수에게 자문을 구했던 장면 말이다.

고마미지현이 어디인지는 차치하더라도 귀양 가 있는 장소라면 수도 사비와는 제법 거리가 있는 변경지역일 수밖에 없다. 그런 곳에 가 있던 흥수에게 사람을 보내 대답을 들었다면, 꽤나 시간이 걸렸을 일이다. 그러니 흥수의 대답까지 듣고 논의할 시간이 있었다면 꽤 일찍 나당연합군의 침공을 감지했다는 얘기가 되는 것이다.

그렇다면 이와 같이 미리 알고 대비책을 의논한 일이 침공직전이라 아무 의미도 없는 시점이었다는 뜻이라도 되어야 할 것이다. 그래서 6월 21일, 당군과 신라군이 덕물도에서 만나 해로(海路)를 통해 남진할 기미를 보이면서 황급히 대책을 논의하기 시작했다고 보는 경우도 있다.

하지만 이때 알았다고 해도, 황산벌에서 전투가 벌어지기 약 20일쯤 전이다. 최소한 '전혀 그 낌새를 눈치채지 못했다'는 식으로 말할 수 있는 시점이 아니다. 이런 식의 말은 기습을 당해 제대로 대응해 보지 못한 상황이 벌어져야 설득력이 생긴다.

하지만 백제는 맞아 싸울 병력을 미리 동원해서 대기시켜 놓고 있었다. 그러니 침공을 예상하지 못하고 속수무책으로 당했다고 하기 어렵다. 백제가 우왕좌왕했다느니 기본적인 전략도 수립하지 못했다느니 하는 말도 사실과 다르다. 따라서 이 역시 편견 때문에 일어난 현상이라고 해야 할 것 같다.

의자왕이 술과 향락에 빠져 있었을까?

　　의자왕의 이미지에 가장 악영향을 준 점을 꼽으라면 뭐니 뭐니 해도 말년에 술과 향락에 빠져 있었다는 이야기를 꼽아야 할 것 같다. 예나 지금이나 사람, 특히 왕이 타락하는 요인으로 빠지지 않는 요소가 '술과 향락'이다. 그러니 의자왕이라고 별 수 있겠느냐는 생각을 할 법도 하다.

　　그렇지만 문제는 실제로 의자왕이 '술과 향락'에 빠져 성격이 변했다는 사실이 그렇게 분명하게 나타나지 않는다는 점이다. 막상 당대의 기록에는 의자왕이 술과 관련된 문제가 있었다는 말이 없다. 이같은 사실은 〈대당평백제국비명〉·〈유인원기공비〉·〈취리산맹약문〉·〈부여륭묘지명〉을 비롯 당대 백제의 역사를 참고했던 《일본서기》 등에 공통적으로 나타나는 부분이다.

　　의자왕이 술 때문에 많은 문제점을 드러내고 있었다면, 이들 기록에서 굳이 그 사실을 빼놓을 이유가 있었을까? 이러한 점을 감안해보면 《삼국사기》 기록의 내용 자체부터가 백제를 헐뜯으려는 일방적인 주장일 가능성이 크다.

　　당대의 기록에 보이지 않던 사실이 고려시대의 역사 기록에 와서야 비로소 언급되기 시작한 셈이기 때문이다. 고려 때 지은 김부식의 《삼국사기》나 일연의 《삼국유사》에서부터 의자왕이 음탕하여 주색에 빠져 정사를 어지럽히고 나라를 위태롭게 했던 인물이라는 식으로 묘사해놓았던 것이다. 조선시대 역사에도 의자왕이 술을 좋아하며 충신의 말에 귀를 기울이지 않았기 때문에 백제를 망하게 했다는 식의 묘사가 나온다.

이러한 인식은 《삼국사기》나 《삼국유사》 같은 고려시대 역사의 것이 이어졌다고 보아야 할 것이다. 그리고 이 같은 인식이 백제의 역사를 전문으로 연구하는 일부 현대 연구자들에게까지 이어졌다. 대중문화에 이 같은 인식이 수용되면서부터는 정말 걷잡을 수 없이 퍼지게 된 것이다. 앞서 소개한 설화와 전설도 따지고 보면 고려나 조선 당시에는 대중문화였다고 할 수 있을 테니까.

이런 점을 볼 때, 의자왕의 방탕한 생활에 대한 이야기는 사실과 다르며, 의자왕의 부정적인 인간상을 창조하려 한 후대 사람들이 개인적인 취향을 가지고 의도적으로 부풀려 놓았다는 점을 감안을 해야 할 것 같다.

즉 과도한 음주와 삼천궁녀를 밑그림으로 하고 있는 의자왕의 생활상은 그의 집권시기로부터 훨씬 시간이 흐른 이후인, 고려시대나 조선시대의 사람들에 의해 그려져서 지금까지 전해 내려온 것일 수 있다는 점을 고려하자는 것이다. 따라서 그 내용이 지니는 역사성도 그만큼 떨어지기 때문에 사실 여부를 따지는 것 역시 큰 의미가 없을 듯하다.

사실 의자왕의 통치에 문제가 있었다는 점을 시사한 기록은 난데없다 싶을 정도로 갑자기 나타난다. 그 중요한 기점이 그가 즉위한

지 15년째 되는 해이다. 이전까지만 해도 특별히 흠잡을 곳이 나타나지 않던 의자왕의 정치에 상당한 문제가 있었던 것처럼 나타나기 시작한 기점이 바로 이 시기이기 때문이다. 다음이 문제가 생긴듯한 점을 시사하는 듯한 기록이다.

> 태자궁(太子宮)을 극히 사치스럽고 화려하게 수리하였다. 왕궁 남쪽에 망해정(望海亭)을 세웠다.

'태자궁(太子宮)을 극히 사치스럽고 화려하게 수리하였다'고 하는 구절에서 갑자기 뭔가 사치가 시작되었다는 인상을 받게 되기 때문이다. 물론 이는 그다지 큰 문제라고 느껴지지 않을 내용이다. 이것만 가지고 사치를 통해 나라를 망하게 만들기 시작했다는 뜻으로 받아들인다면, 어려운 와중에도 황룡사를 비롯하여 많은 사찰을 지은 선덕여왕 때 역시 신라가 망했어야 했다고 할 수 있기 때문이다.

좀 더 본격적으로 의자왕 통치의 문제점을 드러내는 기록은 다음 해인 16년부터 나타난다고 보아야 한다. '왕은 궁녀와 더불어 주색에 빠지고 마음껏 즐기며 술 마시기를 그치지 아니하였다'는 말이 나오기 시작하니 일단 문제가 나타나기는 한다고 할 수 있다.

하지만 의심 가는 측면이 있다. 사실 15년이든 16년이든 연도가 중요한 게 아니라 정말 문제가 되는 점은 왜 백제가 망하기 직전인 특정한 시점부터 의자왕의 통치에 문제가 생겼음을 시사하는 기록이 나타나느냐 하는 점이다. 지금까지 대부분의 전문가들까지 이 점을 아무 생각 없이 사실로 받아들이는 경향이 있었다.

    그렇지만 달리 볼 가능성도 남겨 두어야 한다. 어떻게든 의자왕의 통치에 문제가 많았던 것처럼 서술해야 할 정복자 신라 또는 그 영향을 받는 사관(史官)들의 입장이 기록에 반영될 수밖에 없었다는 점을 감안해야 한다는 것이다.

제6장

역사학자들이 실추시킨 백제의 이미지

백제의 마지막 왕 의자왕 시대는 문제가 많았던 시기가 아니다. 나라가 망하지만 않았어도 의자왕은 최악의 왕으로 꼽히지 않았을 것이다. 이와 맞물려 백제의 역사를 왜곡시킨 사례는 많다. 다른 나라들과 같은 잣대로 평가되지 못했고 이로 인해 백제의 이미지는 긍정적이기보다는 부정적이었다.

사택지적의 정계은퇴가 정치 탓?

 사실 의자왕이 그렇게 크게 잘못한 점이 많다고 하기는 곤란할 것 같다. 딱히 통치를 잘못했다는 흔적이 보이는 것도 아니고, 술과 여자에 빠져 나라를 곤경에 빠지게 했다는 말도 별 근거가 없다. 충신의 말을 듣지 않아 나라를 망하게 했다는 말은 거의 모략 수준이다.
 나라가 망하지만 않았어도 의자왕은 그런대로 치적을 내세울 만한 왕으로 평가받았을 것 같다. 그만큼 의자왕의 잘못으로 지적되고 있는 많은 일들이 사실과는 달랐다.
 왕과 국가가 같은 것으로 여겨지던 시대에 의자왕의 이미지는 곧 백제라는 나라의 이미지가 될 수밖에 없다. 그렇기 때문에 의자왕의 이미지를 실추시키게 되면 자연스럽게 백제의 이미지도 같이 추락하게 되어 있다.

이와 같이 백제라는 나라의 이미지는 백제 역사를 기록했던 사람과 백제를 연구했다는 사람들 때문에 왜곡되었다고 해도 지나친 말이 아니다. 이 와중에 많은 백제 인물들이 간첩이나 사리사욕에 집착하는 사람, 수치스런 삶을 산 사람 등으로 몰렸다. 이러한 측면에서 그동안 이 시기 백제에 대한 이미지를 어떻게 망가뜨려 놓았는지도 되돌아볼 필요가 있겠다.

일부 백제사 전문가들은 백제라는 나라가 했던 일마다 문제를 삼았다고 해도 지나친 말이 아니다. 대표적인 경우가 백제 좌평이었던 사택지적(沙宅智積)의 정계은퇴 문제다. 이를 두고 어떤 백제사 전문가는 의자왕의 정치적 한계가 나타난 결과라고 몰아가기까지 한다. 의자왕이 즉위한 다음 의욕적인 개혁정치를 추구하기는 했지만, 귀족세력의 견제 때문에 한계가 드러났다는 얘기가 되겠다. 사택씨의 존재를 문제 삼는 논리를 자세히 살펴보자.

> 대좌평 사택지적이 내지성(奈祗城)으로 은퇴한 것은 어쩔 수 없는 사세(事勢)에 밀린 것이었다고 할 수 있다. 그러나 사씨 세력은 여전히 대귀족으로 존재하고 있었으니 이것은 백제 멸망시에 왕과 더불어 포로로 된 자 중에 대좌평·대수령(大佐平·大首領) 사택천복(沙宅千福)이 있었다는 데에서 추지(推知)할 수 있는 바이다. 사씨의 존재는 왕권이 전대(前代)에 비해 비록 강화되었다고 하더라도 이들 귀족들의 견제력도 만만

치 않았음도 시사해주는 것이다. 따라서 이들 귀족들은 왕의 전제적(專制的) 권력행사(權力行事)에 대해 성충과 같이 투옥을 무릅쓰고 극간(極諫)하기도 하였으니 이것은 곧 의자왕의 정치의 한계성을 보여주는 것이라 하겠다.1

이 내용이 사택씨의 존재를 귀족세력의 왕권 견제로 보는 근거의 전부다. 하지만 이것이 근거가 될 수 있을까? 이 내용은 아무리 좋게 보아주더라도 사택씨가 백제의 유력한 귀족으로 확고하게 자리를 잡고 있었다는 근거가 될 수 있을 뿐이다.

아무리 눈을 씻고 찾아보아도 강력한 귀족 세력 사택씨가 왕권을 견제하고 있었다는 근거는 없다. 그런데도 '의자왕의 정치적 한계'를 만들어내 버린 것이다.

'사택지적비'의 내용은 귀족세력이 의자왕을 견제하고 있었다는 논리를 만들어내는 데에만 악용된 것이 아니다. 아예 당시 백제 정치 자체가 총체적 난국에 빠져 있었다고 몰아가는 데에 이용되기도 했다. 이 내용과 관련된 또 다른 글을 살펴보자.

양심적인 재상 성충(成忠)이 옥사하고 흥수(興首)가 귀양을 간 것도 이 같은 난정이 빚어낸 어처구니없는 결과였다. 또한

---

1 백제정치사연구, 노중국, 일조각, 1988

해방 직후 부여에서 우연히 탑비(塔碑)가 발견됨으로 해서 그 실재가 확인된 사택지적(砂宅智積)의 정계은퇴도 이 같은 맥락에서 이해할 수 있는 것이다.2

과연 '사택지적비'에 이런 내용이 있을까? 확인해보자. 혹시 비문을 잘못 해석했다고 할까봐 이번에는 독자들이 알아보기 어려운 원문까지 소개한다.

갑인년(甲寅年) 정월 9일 내지성(奈祇城)의 사택지적은 해가 쉬이 가는 것을 슬퍼하고 달이 어렵사리 돌아오는 것을 슬퍼하여, 금을 캐어 진당(珍堂)을 짓고 옥을 캐어 보탑(寶塔)을 세우니, 그 웅장하고 자애로운 모습은 신비로운 빛을 발하여 구름을 보내고, 그 우뚝하고 자비로운 모습은 성스런 빛을 머금어…(甲寅年正月九日奈祇城砂宅智積, 慷身日之易往: 慨體月之難還, 穿金以建珍堂, 鑿玉以立寶塔, 巍巍慈容, 吐神光以送雲: 峨峨悲, 含聖明以…)

이 내용 중 어디에 혼란스러운 백제의 정국을 명확하게 언급한 내용이 있는가? 기껏 근거로 활용할 수 있는 부분이라고 해봐야 '사택지적은 해가 쉬이 가는 것을 슬퍼하고 달이 어렵사리 돌아오는 것을

---

2 백제사연구, 이기동, 일조각, 1996

슬퍼하여' 라는 구절뿐이다. 이 구절이 혼란스러운 백제 정국을 묘사한 내용으로 보이는가? 쉽게 확인할 수 있듯이, 이 부분은 은유적이고 상징적인 표현일 뿐이다. 또한 보통은 몸이 나빠지는 상황을 묘사한 것이라고 해석한다.

사실 무난하게 해석하면, 세월이 흘러 몸이 나빠지자 어쩔 수 없이 관직에서 물러난 후 인생의 무상함을 느껴 그 심정을 자신의 묘비에 써놓았다고 해도 이상한 일은 아니다. 은퇴한 다음 죽은 좌평의 비문에 굳이 당시 정치의 난맥을 표현하려 하는 게 일반적인 심리일 것 같지도 않다. 즉 사택지적의 은퇴 이유가 반드시 정치의 파행 때문이었다고 보아야 할 만한 근거가 없었던 것이다. 그럼에도 불구하고 이를 굳이 백제의 혼란스러운 정국을 보여주는 내용으로 확신하는 건 무슨 뜻일까?

있지도 않은 사실을 만들어내거나, 조그마한 일을 부풀려 당시 백제 귀족들을 우스운 사람으로 만들어 놓은 사태는 사택지적 한 사람만으로 끝난 것도 아니다. 사실 이런 인식 때문에 백제는 그 역사 내내 귀족들의 권력 투쟁으로 일관한 나라인 것처럼 여기는 풍조가 생겼다. 심지어 최근 방영된 드라마에서는 백제가 최전성기인 근초고왕 때에도 이런 행태에서 벗어나지 못한 나라로 만들어 놓았다.

역사가들이 만들어낸 간첩, 백제 좌평 임자

사택지적 말고도 역사기록을 제멋대로 부풀려 나오지도 않는 내용을 근거로 한 사람을 나쁜 인물로 만든 사례가 있다. 그 당사자가 당시 백제의 좌평으로 있던 임자(王子)다. 지금까지 알려진 임자(王子) 관련 내용은 이렇다.

당시 백제에 임자(王子)라는 이름을 가진 좌평이 있었다. 그런데 이 사람이 신라 사람 조미갑에게 포섭되어 조국을 팔아먹는 간첩이 되어 백제가 망하는 데에 한몫했다는 이야기다. 그래서 '충신들이 밀려난 자리에는 신라의 간첩망에 포섭된 임자(王子) 같은 인물이 도사리고 있었다' 라는 말까지 나왔다.

심지어 의자왕을 지금까지 너무나 깎아내렸다고 보는 경우에도 임자의 간첩활동에 대해서는 의심하지 않는 경향이 있다. 조미갑이 임자의 포섭에 성공하고 신라로 돌아가 백제의 국내 사정을 자세히 보고함으로써, 김유신이 백제의 내부 정치를 꿰뚫어 보게 되었고, 그 결과 군사공격까지 결심하게 되었다는 것이다.

임자가 신라의 김유신에 협조하게 된 배경도 이렇게 설명한다. 655년 이후 새롭게 전개되던 의자왕의 정치에 반대하거나 정계개편 작업에서 소외되어 불만을 갖게 된 인물로 볼 수 있다는 것이다. 또 김유신이 첩자를 이용하여 이러한 인물을 매수하고 있음이 눈에 띄며, 백제 말기의 불길한 징후들까지 이들 첩자나 첩자에게 매수된 내부인들이 유포시킨 가능성까지 제시한다.

임자가 지금까지 알려진 대로 이런 식의 간첩행위를 했다면, 이런 인물을 알아보지 못하고 좌평 자리에 앉힌 의자왕 역시 사람 보는 눈이 형편없는 왕이 되어버린다. 그런데 과연 이렇게 쉽게 결론을 내릴 수 있는 일일까? 《삼국사기》 김유신 열전에 기록되어 있는 내용을 보자.

> 이보다 앞서 급찬 조미갑이 부산현령(夫山縣令)이 되었다가 백제에 포로로 잡혀가 좌평 임자(任子)의 집 종이 되어 일을 부지런히 하고 성실하게 하여 일찍이 조금도 게을리 하지 않았다. 임자가 불쌍히 여기고 의심치 않아 출입을 마음대로 하게 하였다. 이에 도망쳐 돌아와 백제의 사정을 유신에게 고하니 유신은 조미갑이 충직하여 쓸 수 있음을 알고 말하였다.
>
> "내가 들으니 임자는 백제의 일을 오로지 하고 있어 그와 함께 도모하고자 하였는데 길이 없었다. 자네가 나를 위하여 다시 돌아가 말해다오!"
>
> 그가 답하기를 "공께서 저를 어리석다고 생각하지 않으시고 지목하여 부리고자 하시니 비록 죽더라도 후회가 없습니다."고 하였다.

드디어 [그가] 다시 백제에 들어가 임자에게 아뢰었다.

"제가 스스로 생각하기를 이미 이 나라의 백성이 되었으니 마땅히 나라의 풍속을 알아야 하므로 집을 나가 수십 일간 놀면서 돌아오지 않았습니다. 그러나 개나 말이 주인을 그리워하는 것 같은 정을 이기지 못하여 돌아왔습니다."

임자는 이 말을 믿고 나무라지 않았다. 조미갑이 틈을 타서 보고하였다.

"저번에는 죄를 두려워하여 감히 솔직하게 말씀드리지 못했습니다. 사실은 신라에 갔다가 돌아왔습니다. 유신이 저를 타일러 님께 가서 아뢰도록 하기를 '나라의 흥망은 미리 알 수 없는 법이니 만약 그대의 나라가 망하면 그대는 우리나라에 의지하고, 우리나라가 망하면 나는 그대의 나라에 의지하겠다'고 합디다."

임자가 듣고는 묵묵히 아무 말을 하지 않았으므로 조미갑은 두려워하며 물러가 처벌을 기다렸다. 수개월 후에 임자가 불러 묻기를 "네가 저번에 말한 유신의 말이 무엇이었느냐?" 하기에 조미갑이 놀라고 두려워하면서 전에 말한 바와 같이 대답하였다. 임자가 말하기를 "네가 전한 바를 내가 이미 상세히 알고 있었다. 돌아가서 아뢰어도 좋다."고 하였다. 드디어 돌아와서 [김유신에게] 보고하였다. 겸하여 [백제의] 국내외의 일을 말하여 주었는데 정말 상세하였다. 이에 더욱 백제를 병합할 모의를 급하게 하였다.

이 기록을 보고 임자가 신라의 간첩망에 포섭되었다고 할 수 있을까? 무엇보다도 김유신이 임자에게 했던 제안부터 보자. '나라의 흥망은 미리 알 수 없는 법이니 만약 그대의 나라가 망하면 그대는 우리나라에 의지하고, 우리나라가 망하면 나는 그대의 나라에 의지하겠다'고 한다.

이 제안은 간첩 행위를 해달라는 요구가 아니다. 앞으로의 일을 알 수 없으니, 어느 나라든 망하는 사태가 일어나면 서로 돌보아주자는 뜻이다. 이건 서로 협조하자는 동등한 조건의 거래인 것이지, 임자가 일방적으로 포섭된 상황이 아닌 것이다.

사실 적대적으로 지내는 나라라 할지라도 상대국의 비중있는 인사와 막후 거래를 할 수 있는 외교비선을 확보해놓는 일은 지금도 외교의 기본정석이다. 임자가 이런 시도를 했다는 자체가 이상할 것도 없고, 비난받을 일도 아니다.

여기서 앞서 밝혔던 백제와 신라의 당시 우열관계도 감안해보아야 한다. 당시 위기에 몰리고 있었던 나라는 백제가 아니라 신라였다. 이 상황을 누구보다 잘 알고 있던 임자의 입장에서는 위기에 몰리던 신라의 김유신을 오히려 자신이 이용할 수 있다고 생각했을지도 모를 일이다.

🏵 간첩활동을 한 인물은 조미갑일 뿐이다

그리고 보면 임자가 간첩행위를 했다고 볼만한 근거도 없다. 적어도 사료에는 임자가 신라에 중요정보를 제공했다는 내용은 나타나지 않는다. 정보를 제공한 당사자도 명확히 기록되어 있다. '드디어 돌아와서 [김유신에게] 보고하였다. 겸하여 [백제의] 국내외의 일을 말하여 주었는데 정말 상세하였다' 라는 구절에 나타나듯, 백제의 국내외정세에 대한 정보를 제공한 당사자는 조미갑이다.

조미갑을 김유신이 간첩으로 침투시켰다고 보는 경우도 있으나, 사실 말이 안 된다. 일단 사료에 '부산현령(夫山縣令)이 되었다가 백제에 포로로 잡혀가 좌평 임자(任子)의 집 종'이되었다고 한다. 이 자체만으로는 김유신이 침투시켰다고 할 수가 없다.

일부러 포로가 되어 침투한 것 아니냐는 생각을 할지 모르겠지만, 이 역시 무리이기는 마찬가지다. 일부러 포로가 되었다 한들, 백제 측에서 임자 같은 좌평의 집에 배치해준다는 보장이 없는 것이다. 백제 측에서 어떻게 처리할지도 모르는 상황에서, 김유신이 크지 않은 확률에 현령까지 지낸 인물을 일부러 잡히게 한다는 발상을 했다고 하기는 어렵다.

동기를 정확하게 제시하기는 어렵겠지만, 조미갑의 간첩행위는 순전히 개인차원에서 결정하고 감행한 것으로 보아야 할 것이다. 개인에 대한 국가의 관리가 현대와 달리 느슨했던 고대사회에서 일어난 일을 현대사회의 기준으로 판단하다 보니 사료에 있지도 않은 상황을 만들어내 역사적 사실처럼 인식시켰다고 할 수 있다.

조미갑의 행태를 보아서도 감안해 보아야 할 점이 있다. 조미갑이 보이고 있는 행태야말로 이중간첩의 전형인 것이다. 이중간첩은 기본적으로 양쪽을 오가며 정보를 제공하게 마련이다.

정황을 보면 임자는 이 문제로 신중하게 고민을 했다. '임자가 듣고는 묵묵히 아무 말도 하지 않았으므로 조미갑은 두려워하며 물러가 처벌을 기다렸다. 수개월 후에 임자가 불러 묻기를' 이라고 한 구절이 바로 이를 시사해준다.

어찌 보면 간단할 수도 있는 결단을 몇 달씩이나 끌었다는 점에서 완전히 다른 가능성까지 엿볼 수 있다. 임자 혼자서 김유신과 협력하느냐 마느냐는 개인적인 차원이었다면, 이렇게 몇 달씩이나 고민을 해야 했을지 의문이다. 이렇게 시간이 오래 걸리는 경우는 혼자서가 아니라 여러 사람의 의견을 모아 결정할 때 흔히 일어나는 현상이다.

아예 임자가 의자왕에게 보고하고 백제 조정 차원에서 조미갑을 어떻게 이용하는 편이 좋을지 신중하게 논의했을 가능성도 배제할 필요가 없다. 사실 백제의 입장에서 손아귀에 들어와 있는 김유신의 첩자 하나 잡아 죽이는 것쯤이야 언제든 할 수 있는 일이다. 또 죽여봤자 그 자체로 크게 얻을 것도 없었다. 그래서 서두르지 않았을 테니 시간이 많이 걸린 것도 이해할 만하다.

반면 이왕 자기 입으로 김유신의 지령을 받고 있다고 고백한 자를 이용할 가능성은 제법 크다. 신라에 역정보를 넣을 수도 있고, 신라에 관한 정보를 알아내거나 신라의 비중 있는 인물인 김유신의 의중을 캐낼 수단도 될 수 있다.

이랬을 경우 망해버린 백제에서 조미갑을 이용했던 사례는 묻혀버리기 십상인 반면 김유신이 조미갑을 이용한 사례는 보시다시피 무용담으로 퍼지기 쉽다. 결국 후세 사람들은 남아 있는 무용담만으로 억울한 간첩을 만들어 낼 수 있는 것이다.

어쨌든 지금까지 나타난 기록에는 임자가 김유신에 포섭되어 신라를 위한 간첩활동을 했다는 내용은 나오지 않는다. 특별히 다른 증거가 나타나지 않는 한, 지금 남아 있는 기록만 가지고는 임자를 간첩으로 할만한 근거가 되지 못한다.

그런데도 임자는 현대에서 신라의 간첩이었다는 단정적 평가를 받고 있다. 김유신이 첩자를 이용하여 이러한 인물을 매수하고 있음이 눈에 띈다는 말도 나오지만, 임자 이외에 김유신에게 매수된 백제 고위층이 있었다는 사실은 알 수 없다.

결국 임자 한 사람을 간첩으로 몰아간 것을 기화로, 기록에 나오지도 않는 고위층 백제 간첩까지 만들어낸 셈이다. 이렇게 해서 백제 정계가 마치 간첩과 반역자로 들끓고 있었던 것처럼 만든 것이 아닌가 한다.

술이부작(述而不作). 역사를 쓸 때 없는 사실을 제멋대로 만들어 넣지 말라는 뜻이다. 역사가라면 뼈에 새겨야 할 원칙이다. 그런데도 일부 현대 백제사 전문가들은 이 원칙을 너무 쉽게 무시해버린다. 이 원칙을 충분히 의식하고 썼다는 유학자들조차 군데군데서 무시하고 있으니 원칙을 지킨다는 것이 말처럼 쉬운 건 아니다.

혼란의 주범으로 몰린 백제 귀족들

일부 백제사 전문가들이 사택지적의 묘비에 있지도 않은 말을 지어낸 이유는 근본적으로 백제 정국(政局)이 혼란스러웠다는 이야기를 하고 싶어서였다. 임자의 경우도 마찬가지다. 정치가 혼란스러웠다는 것은 근본적으로 당시 정치를 맡아 하던 사람들, 백제의 경우에 있어서는 왕과 귀족들이 제 역할을 하지 못했다는 뜻이 된다.

이런 식으로 설명하는 데에 사택지적은 비교도 되지 않을 만큼 결정적인 역할을 한 사람이 성충과 흥수다. 죽어가면서 또는 귀양 가서까지 나라를 위하여 충언을 아끼지 않은 성충·흥수와 사리사욕을 위해 이들의 말을 무시해버린 백제 귀족을 비교하는 이야기는 흔히 알려져 있다.

단적으로 말해 성충·흥수와 비교되면서, 당시 백제 귀족들이 통째로 간신(奸臣)이 되고 말았다고 해도 지나친 말이 아니다. 어떤 백제사 전문가는 충신이라고 표현된 성충을 투옥시키고, 흥수를 귀양하게 만든 세력의 존재가 당시 백제 귀족층의 분열을 대변해준다고까지 한다.

하지만 조금만 더 생각해보자. 귀족층 사이의 권력투쟁으로 고위귀족 일부가 투옥되거나 귀양가는 일 자체는 전근대 사회에서 흔한 일이다. 지금까지도 비슷한 일은 수도 없이 일어난다. 따라서 성충·흥수의 투옥과 귀양 자체가 백제 정국(政局)이 혼란에 빠져 있었던 증거라고 할 수는 없다.

그렇기 때문에 이 자체보다는 지배층의 분열 때문에 나당연합군의 침공에 성충·흥수가 제시한 타당한 전략이 채택되지 못했다는 점이 더 문제가 되어야 한다. 외적의 침공에 대한 대응전략을 협의하는 과정에서 백제 지배층의 균열이 분명하게 나타난다면 백제 정치가 엉망이었다고 볼 수 있는 근거가 될 것이다.

이 점만큼은 많은 사람들이 지금까지도 별 의심 없이 받아들이고 있다. 즉 나당연합군을 각각 탄현(炭峴)과 백강(白江)에서 막아야 한다는 타당한 전략이 제시되었음에도 불구하고, 정치적인 이해관계로 견제를 받아 실행되지 못했기 때문에 망했다고 알고 있는 것이다.

이런 인식처럼 상황에 관계없이 백제 측에 어이없는 전략적 실책이 있었다면, 또 이 실책이 정치적인 이해관계 때문에 유발되었다면 백제 지배층의 무능과 분열이 멸망의 주요 원인이라는 평가가 내려진다 해도 큰 문제가 없다. 그런데 여기 재미있는 사실이 있다. 백제 귀족들이 나라가 망할 정도로 권력 투쟁에 집착하고 있었다는 근거

대부분이 사실과 다르다는 점이다.

우선 가장 강력한 증거로 내세워졌던 내용부터가 그렇다. 백제 귀족들이 성충과 흥수의 충고, 즉 백강과 탄현을 막으라는 전략을 반대했다는 사실이다. 긴 말을 생략하기 위해 《삼국사기》에 나타나는 기록을 보자.

> (상략) 이 때에 좌평(佐平) 흥수(興首)는 죄를 얻어 고마미지현(古馬彌知縣)에 유배되어 있었다. [왕은] 사람을 보내 그에게 묻기를 "사태가 위급하니 이를 어찌하면 좋겠느냐?"고 하였다. 흥수가 말하였다.
>
> "당나라 군사는 수가 많고 군대의 기율도 엄하고 분명하며 더구나 신라와 함께 모의하여 앞뒤에서 호응하는 형세를 이루고 있으니 만일 평탄한 벌판과 넓은 들에서 마주 대하여 진을 친다면 승패를 알 수 없을 것입니다. 백강[白江, 혹은 기벌포(伎伐浦)라고도 하였다]과 탄현[炭峴, 혹은 沈峴(沈峴)이라고도 하였다]은 우리나라의 요충지여서 한 명의 군사와 한 자루의 창으로 막아도 1만 명이 당할 수 없을 것입니다. 마땅히 용감한 군사를 뽑아 가서 지키게 하여, 당나라 군사가 백강에 들어오지 못하게 하고 신라 군사가 탄현을 넘지 못하게 하고, 대왕은 [성을] 여러 겹으로 막아 굳게 지키다가 적의 군량이 다 떨어지고 사졸이 피로함을 기다린 연후에 힘을 떨쳐 치면

반드시 깨뜨릴 것입니다."

이 때에 대신들은 믿지 않고 말하였다.

"흥수는 오랫동안 잡혀 갇힌 몸으로 있어 임금을 원망하고 나라를 사랑하지 않았을 것이니 그 말을 가히 쓸 수가 없습니다. 당나라 군사로 하여금 백강에 들어오게 하여 물의 흐름을 따라 배를 나란히 할 수 없게 하고, 신라군으로 하여금 탄현을 올라오게 하여 좁은 길을 따라 말을 가지런히 할 수 없게 함과 같지 못합니다. 이 때에 군사를 놓아 공격하면 마치 조롱 속에 있는 닭을 죽이고 그물에 걸린 물고기를 잡는 것과 같습니다."

왕이 그럴 듯이 여겼다. 또 당나라와 신라의 군사가 이미 백강과 탄현을 지났다는 말을 듣고 [왕은] 장군 계백(階伯)을 보내 결사대 5천 명을 거느리고 황산(黃山)에 나아가 신라 군사와 싸우게 하였다.

이 부분이 백강과 탄현을 막을 필요가 없다고 반대하는 말인가? 위의 기록에 분명히 나와 있듯이, 백제 귀족들은 나당연합군이 백강과 탄현을 지나갈 때 공격해서 섬멸하자고 했던 것이지, 여기를 막을 필요가 없다고 반대했던 것이 아니다. 차이가 있다고 해봐야 '지나가지 못하게 막자'는 것과 '지나갈 때 섬멸하자'는 미세한 정도일 뿐이다.

그런데 무엇 때문에 일부 백제사 전문가들이 이 미세한 차이를 두고 백제 귀족들이 '반대했다'며 몰아간 것일까?《삼국사기》기록을 자세히 읽지 않으면 그렇게 되기 쉽다. 위 내용 중 '이 때에 대신들은 믿지 않고 말하였다'와 '또 당나라와 신라의 군사가 이미 백강과 탄현을 지났다는 말을 듣고 [왕은] 장군 계백(階伯)을 보내 결사대 5천 명을 거느리고 황산(黃山)에 나아가 신라 군사와 싸우게 하였다'는 두 개의 구절이 그 범인이다.

즉 앞의 구절은 백제 귀족들이 '믿지 않았으니 반대했을 것'이라는 편견을, 뒤 구절은 '그렇게 해서 백강과 탄현을 막지 못해 나당연합군이 무저항으로 통과했다'는 편견을 심고 있는 것이다. 그런데 '편견'이라고 표현한 것처럼 이러한 인식은 사실과 다른 서술을 통해 만들어졌다.

우선 앞의 구절은 미리 설명했듯이, 뒤에 나오는 백제 귀족들의 말과 비교해보면 금방 드러나니 더 설명할 필요가 없을 것이다. 그러면 뒤 구절은? 이것도 거짓말이다.

백강을 막지 않았다는 말은 사실이 아니다!

지금까지도 백제 귀족들을 혼란의 주범으로 말하는 근거가 외적이 쳐들어왔는데도 타당한 전략을 실행하지 못하게 했다는 점이다. 그런데 그 근거가 되어 왔던 이야기가 사실과 다르다. 적어도 백강을 막지 않았다는 말은 사실이 아니라고 말할 수 있다.

증거가 뚜렷하다. 바로 아래 기록들이다. 이 백제 멸망에 대한 기록은 《삼국사기》·《삼국유사》·《구당서》·《신당서》 등 한국과 중국 쪽 역사 모두에 남아 있다.

> 이에 군사를 합하여 웅진강(熊津江) 입구를 막고 강변에 군사를 둔치게 하였다. 정방(定方)이 왼편 물가로 나와 산으로 올라가서 진을 치자 그들과 더불어 싸웠으나 우리 군사가 크게 패하였다. 당나라 군사를 실은 배들은 조수를 타고 꼬리에 꼬리를 물고 나아가며 북을 치고 떠들어댔다. 정방이 보병과 기병을 거느리고 곧장 그 도성(都城)으로 나아가 30리쯤 되는 곳에 머물렀다. 우리 군사는 모든 병력을 다 모아 이를 막았으나 또 패하여 죽은 자가 1만여 명이었다. 당나라 군사가 승세를 타고 성으로 육박하자 왕은 면하지 못할 것을 알고 탄식하며 "성충(成忠)의 말을 쓰지 않아 이 지경에 이른 것을 후회한다."고 말하고는 드디어 태자 효(孝)와 함께 북쪽 변경으로 달아났다. (하략)
>
> 《삼국사기》 백제본기 의자왕 20년

진군하여 군사를 합쳐 (웅)진구[(熊)津口]에 이르러 강가에 군사를 주둔시켰다. (중략) 소정방은 백강의 왼쪽 언덕에 나와서 산을 등진 채 진을 치고 싸우니 백제군이 대패하였다. 당나라군대가 조수(潮水)를 타고 와서 배와 배가 꼬리를 물고 서로 잇달아서 북을 치고 고함치며 쳐들어갔다. 소정방은 보병과 기병을 거느리고 바로 나아가 도성 밖 일사(一舍) 거리에서 멈추었다.

《삼국유사》 기이 태종춘추공

(상략) 정방이 성산(城山)으로부터 바다를 건너 웅진강구(熊津江口)에 이르니, 적이 거강(據江)하여 둔병(屯兵)하고 있었다. 정방이 강 동쪽 언덕으로 올라가 산을 타고 진을 쳐서 크게 싸우니 돛을 펴 바다를 덮고 서로 이어 나아가니 적군이 패배하여 전사한 자가 수천 인이었고 저절로 흩어졌다. 조수를 만나 또 위로 가니 배 꼬리를 연이어 강으로 들어가 정방은 언덕 위에 진을 치고 수륙(水陸)으로 나아갔다. (하략)

《구당서》 열전 소정방

(상략) (정방이) 성산(城山)으로부터 바다를 건너 웅진강구(熊津江口)에 이르니, 적이 강가에 둔병(屯兵)하고 있었다. 정방이 강 왼쪽으로 나아가 산을 타고 진을 쳐서 이겼다. 적군이 패배

하여 전사한 자가 수천 인이었다. 조수를 만나 또 위로 가니 배가 꼬리를 물고 북을 치고 소리치며 나아갔다. 정방은 보병과 기병을 거느리고 곧바로 나아갔다. (하략)

《신당서》 열전 소정방

　이들 기록에 공통적인 내용은 대략 이렇게 요약할 수 있다. 백제는 황산벌 전투에 투입되었던 병력과 나머지 병력을 합쳐 백강에 배치했다. 그런데 이렇게 백제군이 기다리고 있음을 간파한 소정방이 반대쪽 기슭에 상륙해서 진을 쳤다. 이렇게 이미 상륙해서 교두보를 확보하고 있던 당군과 싸우는 바람에 백제가 크게 졌다는 것이다.

　이 내용 대로라면 백제가 나당연합군을 막기 위해 백강 지역에 병력을 배치했고, 실제로 전투도 벌어졌다는 뜻이 된다. 결국 백제가 백강에 병력을 배치하지 않아 나당연합군이 이 지역을 쉽게 통과했다는 생각이 허구라는 게 확인되는 셈이다.

　기록에 백강과 웅진강이 겹쳐 나오고 있으니 헛갈릴 수 있겠으나, 짧은 시간에 소정방의 함대가 전혀 다른 강을 왔다 갔다 했을 리는 없다. 그러니까 같은 강이라고 보아도 무방할 것이다. 따라서 백제군이 백강에서 소정방의 함대가 올라오는 것을 막으려했다는 사실을 확인하는 데에는 별 지장이 없다.

탄현은 사정이 있었다

그럼에도 불구하고 백제 귀족들의 반대 때문에 백강을 막지 못하는 등 제대로 대응을 하지 못한 것처럼 설명하는 이유가 뭘까? 이 역시 편견 때문이라고 할 수 있다. 편견의 빌미가 된 것은 앞서 제시한 '이 때에 대신들은 믿지 않고 말하였다'와 '또 당나라와 신라의 군사가 이미 백강과 탄현을 지났다는 말을 듣고 [왕이] 장군 계백(堦伯)을 보내 결사대 5천 명을 거느리고 황산(黃山)에 나아가 신라 군사와 싸우게 하였다'는 내용이다.

그런데 《삼국사기》에는 왜 이렇게 앞뒤가 맞지 않는 내용이 들어가게 되었던 것일까? 아무래도 백제를 멸망시키고 흡수해버린 일에 대하여 정당화시켜야 할 필요 때문이다.

그러니까 어떻게든 백제 귀족들이 충신을 핍박했다는 논리를 만들어서라도 넣어야 할 필요가 있었다. 일단 백제귀족들이 충신들의 충언을 반대했다고 적어놓아야 했던 이유는 여기에 있었다.

실제 내용은 '반대'라기보다 '보완' 정도에 불과하다. 사실 백제 귀족들이 성충과 흥수의 제안을 보완할 필요가 있었다. 전쟁을 아주 쉽게 생각하는 사람들은 백강·탄현 같은 전략 요충지만 막고 있으면 만사가 다 해결되는 상황이었던 것처럼 생각하는 경향이 있다. 하지만 알고 보면 그렇게 간단한 문제가 아니다.

우선 탄현만 막고 있으면 신라군이 백제로 넘어오지 못할 것이라는 점부터 착각이다. 신라가 지금의 경상도, 백제가 전라도니 경상도에서 전라도로 넘어가는 길만 생각하면 탄현 한 곳을 지키는 것으로 충분하다는 발상이 가능할지 모르겠다. 하지만 당시 신라는 한강 지역을 차지하고 있었다. 그러니 일단 이 지역에 병력을 집결시켜 놓은 다음, 남하할 수도 있다.

이 가능성이 있으니, 탄현 한 곳만 막고 있으면 만사형통이라는 식의 발상을 할 수가 없었던 것이다. 탄현에 집착하다가 신라군이 다른 곳으로 지나가 버리는 날이면, 정작 중요한 수도 사비가 무방비상태로 공략당하는 경우가 생긴다.

백제 수뇌부가 이걸 모를 턱이 없다. 그러니 신라군이 어디로 가는지 일단 파악한 다음에 지나갈 때 공략하는 편이 낫다는 의견이 나오는 것도 일리가 있다.

이에 대한 내용 역시 사료를 검토하고 분석해보면 기존에 알려져 왔던 내용과는 많이 다르다. 지금까지도 나당연합군의 침공에 대비하기 위한 대책회의에서 나왔던 논의는 백제 지배층의 분열을 보여주는 증거처럼 알려져 왔다. 겉으로만 보면 왕이 어느 쪽을 따를지 몰라 고민할 정도로 서로 고집을 세우기만 한 것처럼 묘사되어 있으니 무리가 아닐지도 모른다. 그러나 따지고 보면 꼭 그렇게만 몰아가야 할 문제가 아니다.

적이 쳐들어오는 와중에 여는 회의는 당연히 침략에 대응할 전략에 대해 논의하는 것이다. 이런 회의에서 여러 사람을 모아 놓고 의견을 듣다보면 다양한 의견이 제기된다. 회의의 목적이 다양한 의견을 듣자는 것이니 이 자체에 문제가 있는 건 아니다. 또 그러다 보면 쉽게 의견이 통일되는 경우가 적다. 사실 쉽게 의견이 통일될 정도로 뻔한 전략만 제시된다면 그런 회의는 할 필요도 없다.

실제 병력의 움직임과 전투상황을 살펴보아도 당시 백제는 나름대로 타당한 전략을 세우고 실행했던 것으로 보인다. 그럼에도 불구하고 《삼국사기》 등에 백제의 국론분열이 강조되었던 것이다.

실패한 집단에 대한 편견과 어떻게든 백제를 깎아내려야 할 필요가 작용했기 때문이다. 그렇다면 백제가 탄현을 막지 못했던 이유도 국론분열 때문에 나온 실책 때문이라고 보기는 어렵다.

이 중 잣 대

이와 같이 많은 백제사 전문가들이 백제가 망한 이유는 내부 분열에 있다고 보았다. 이러한 전제를 만들기 위하여 애매한 백제 귀족들을 범인으로 몰았다. 그런데 검토해보면 그런 부분이 실제로 백제 정도의 나라가 망해버려야 할 이유가 되었는지 의문이다.

이 부분이 편견으로부터 생긴 것이라는 점을 보여줄 만한 재미있는 비교대상이 있다. 설화에서 보여졌던 불길한 징조와 마찬가지로 신라에서 일어났던 비슷한 내분과 비리 사태에 대해서는 비교조차 해보려 하지 않는다는 점이다.

국가적 분열에 관한 한, 오히려 비슷한 시기의 신라가 더 심각한 상황을 보이고 있었다고 할 여지가 크다. 그 대표적인 사례가 비담과 염종의 난이다. 《삼국사기》 김유신 열전에 나오는 내용이다.

> (상략) 대신 비담(毗曇)과 염종(廉宗)이 여자 임금(女主)이 잘 다스리지 못한다 하여 군사를 일으켜 왕을 폐하려 하니 왕은 스스로 왕궁 안에서 방어하였다. 비담 등은 명활성(明活城)에 주둔하고 왕의 군대는 월성(月城)에 머물고 있었다. 공격과 방어가 10일이 지나도 결말이 나지 않았다. 한밤 중에 큰 별이 월성에 떨어지니 비담 등은 사병들에게 말하였다.
> "내가 듣건대 '별이 떨어진 아래에는 반드시 피흘림이 있다' 고 하니, 이는 틀림없이 여왕[女主]이 패할 징조이다."
> 병졸들이 지르는 환호성이 천지를 진동시켰다. 대왕이 그 소리를 듣고 두려워하여 어찌할 줄을 몰랐다. 유신이 왕을 뵙고 말하였다. (하략)
> 그리고 나서는 여러 장수와 병졸을 독려하여 힘껏 치게 하니 비담 등이 패하여 달아나자 추격하여 목베고 9족(族)을 죽였다. (하략)

여기에 나타나듯이, 이 반란은 왕성 안에서 왕의 친위세력과 반란군이 대규모 충돌을 벌일 정도였다. 이 정도면 지엽적 반란이 아니라 거의 내란 수준의 충돌이었다고 보아도 무방할 것이다.

이외에도 신라 내부에서 일어났던 비슷한 일은 많다. 또 하나의 사례가 대야성 함락과 관련된 분열이다. 《삼국사기》 죽죽(竹竹) 열전에 이런 내용이 나온다.

> (상략) 도독 품석이 막객(幕客)인 사지(舍知) 검일(黔日)의 아내가 예뻐 이를 빼앗았으므로 검일이 한스럽게 여기고 있었다. 이 때에 이르러 [검일이] 백제군에 내응하여 그 창고를 불태웠으므로 성중 사람들이 두려워하여 굳게 막지 못하였다. 품석의 보좌관 아찬 서천[西川, 또는 사찬(沙飡) 지삼나(祗彡那)라고도 하였다]이 성에 올라가 윤충에게 소리치기를 "만약 장군이 우리를 죽이지 않는다면 원컨대 성을 들어 항복하겠다!" 하니 윤충이 말하기를 "만약 그렇게 한다면, 그대와 더불어 우호를 함께 하겠다. 그렇지 않을 경우 밝은 해를 두고 맹서하겠다!" 하였다. (하략)

품석이 남의 아내를 빼앗았다가 신라의 주요 거점이었던 성이 함락되는 계기가 된 사건이다. 김춘추의 사위였던 자가 불륜 때문에 자신의 생명을 잃었음은 물론 국가적인 낭패를 보게 한 셈이다.

보기에 따라서는 이 사건을 두고 신라 귀족 사회의 기강이 형편없이 무너졌다는 식으로 해석할 여지가 있다. 이에 비해 백제에서는 의자왕 말년 기록이 만들어지는 과정에서 손을 댄 내용 말고는 이런 수준의 반란이나 내분을 보여주는 상황은 없다.

또 신라 사회의 갈등이 단순히 개인적인 차원이 아니라 사회 구조적 문제였음을 시사하는 내용도 있다. 《삼국사기》 설계두(薛罽頭) 열전에 그 점이 나타난다.

> 설계두(薛罽頭, 어떤 책에는 '설(薛)'을 '살(薩)'자로 썼다)도 신라 귀족 가문의 자손이었다. 일찍이 친구 네 사람과 함께 모여 술을 마시면서 각자 자기의 뜻을 말하였는데 계두는 다음과 같이 말하였다.
>
> "신라에서 사람을 등용하는 데 골품을 따지기 때문에 진실로 그 족속이 아니면, 비록 큰 재주와 뛰어난 공이 있어도 그 한계를 넘을 수가 없다. 나는 원컨대 서쪽 중국[中華國]으로 가서 세상에서 보기 드문 지략을 드날려 특별한 공을 세워 스스로의 힘으로 영광스런 관직에 올라 의관을 차려 입고 칼을 차고서 천자의 측근에 출입하면 만족하겠다."
>
> 무덕(武德) 4년 신사에 몰래 바다 배를 따라 당나라에 들어갔다.

이러한 사실들을 볼 때, 의자왕 때와 같은 시기에 일어났던 사례만 하더라도 백제에서 일어났던 일과는 비교도 안 될 정도로 심하고 또 확실하게 나타난다. 내부분열과 사회모순에 관한 한, 신라가 백제보다 심하면 심했지 못하다고 하기는 곤란하다.

하지만 아무도 당시 신라의 내부분열을 문제 삼는 사람은 없다. 이유는 명백하다. 백제와의 경쟁에서 이긴 쪽은 신라니까. 즉 결과를 알고 있기 때문에 더 심각한 문제가 있었더라도 덮어버리는 것이다.

요즘 이런 말이 유행하는 것 같다.

'강한 사람이 살아남는 게 아니라 살아남는 사람이 강한 것이다.'

많은 사람들이 그럴듯하게 생각하니까 이런 말이 유행할 것이다. 하지만 이 말의 맹점도 의식해야 하지 않을까 싶다. 결과만 좋으면 그만이라는 뜻이 될 수 있기 때문이다. 말을 살짝만 바꾸면 이렇게도 된다.

'잘한 쪽이 이기는 게 아니라 이긴 쪽이 잘한 것이다.'

이런 식이니 모든 일은 결과에 맞춰서 이겨서 기득권을 차지한 쪽을 미화하고 정당화하는 풍조가 되지 않을 수 없다.

 맺으면서

기록이 기억을 지배한다

의자왕과 계백이라는 인물에 대해 조금만 신경 써서 살펴보면 지금까지 알려져왔던 이미지와 완전히 다르다는 사실을 쉽게 확인할 수 있다. 그럼에도 불구하고 여태 사람들의 머리 속에 뿌리박힌 이미지가 빠른 시간 안에 바뀌게 될 것 같지는 않다. 바로 이 점이 진짜 섬뜩한 사실이다.

흔히 '역사의 평가를 두려워하라'는 말이 중요한 격언이라고 한다. 그런데 이 말이 얼마나 심각한 모순으로 작용할 수 있는지 고민하는 사람은 별로 없는 것 같다. 사실 이 문제는 보기보다 심각하다. 역사라는 것 자체가 지나간 사실에서 교훈을 찾는 원칙적 역할보다, 특정 집단이나 개인의 현실적 이익을 위해 필요한 교훈을 조작해내는 역할에 치중해왔다는 점은 공공연한 비밀이다. 그렇게 조작된 역사가 후세에 그대로 수용될 수 있다는 점을 확인시켜주는 셈이다.

역사를 악용하는 작업은 크게 두 가지 단계에서 이루어진다. 첫 번째는 사료(史料)를 만들어낼 때부터 사료자체를 기록하는 쪽에 유리하게 만들어 넣는 것이다. 두 번째는 이미 나와 있는 사료를 가지고 제 멋대로 편집하고 왜곡시켜서 자기 편한 대로 해석해내는 일이다. 이 중에서 본질적인 왜곡은 역시 첫 번째 단계에서 이루어진다고 하겠다. 두 번째 단계의 왜곡은 수준급 전문가가 보면 어느 부분을 어떻게 왜곡시켜 원하는 이야기를 만들어냈는지 쉽게 잡아낼 수 있다. 물론 이것도 권위와 권력을 이용하면 충분히 막을 수 있기는 하지만.

그래도 첫 번째 단계의 왜곡과는 비교할 수도 없다. 원 사료 자체가 왜곡되었을 경우, 시간이 흐르면서 반증이 될 만한 다른 자료들이 없어져버리기 십상이다. 그러니 시간이 흐르면 흐를수록 진실을 밝혀내기는 어려워진다. 원 사료를 왜곡시킬 수 있는 계층은 하다못해 한 분야에서만이라도 기득권층이기 때문에 그들이 남긴 기록은 비교적 잘 보존된다. 반면 힘 없는 쪽에서 남긴 기록은 오래 남기가 어렵다. 오히려 애초부터 왜곡되어 있는 기록을 가지고 황당할 정도까지 이리저리 과장해내는 사태가 벌어지기 쉽다. 이런 일이 벌어지는 이유는 많다. 편견 때문에, 또는 힘 있는 특정 집단이나 개인에 잘 보이기 위해서 등등 어떤 동기에서이건 애초부터 기록을 왜곡시켜 놓은 기득권층의 의도에 맞도록 끌고 가주는 셈이다.

이런 사태는 참 고약한 교훈을 준다. 역사학에 있어서 유명한 격언이 있다.

'기록이 기억을 지배한다.'

사실이 어쨌건 기록만 자기 좋을 대로 남기면 후세는 아무리 새빨간 거짓말이라도 믿을 수밖에 없게 된다는 '교훈' 말이다.

이런 교훈을 알게 된 사람들은 제대로 살기보다, 권력을 잡아 자기에게 유리한 기록을 남기는 데 혈안이 된다. 파렴치한 짓을 한 사람들의 덕을 기린다면서 송덕비(頌德碑)가 세워지기도 하고, 역사 교과서를 두고 아귀다툼이 벌어지는 현실을 보면 짐작이 되고도 남음이 있을 것이다.

원점으로 돌아가서 누가 의자왕과 계백의 이미지를 만들어냈는지 생각해보자. 범인 찾기는 어렵지 않다. 1차적으로는 백제를 멸망시킨 장본인들이 될 것이다. 자신들의 이익을 위해 멀쩡한 나라를 집어삼켰다고 하면 심히 민망할 터이니, 어떻게든 백제의 마지막 지도자를 깎아내릴 수밖에 없었다. 그러니 의자왕은 역사에 남는 기록에서 문제가 많은 왕으로 만들어야 했다. 반면 계백은 통치자에 대한 충성심을 강조하기 위하여 설정된 사람이라고 해도 지나친 말이 아니다. 시간이 흐르면서 이러한 이미지는 더욱 강화되어 간 것 같다. 계백이 영웅으로 추앙되면서 상대적으로 의자왕이 계백을 띄워주기 위한 악역으로 활용되어 갔다.

어찌 보면 처음부터 백제 멸망을 정당화시키려 했던 세력이 원하는 바대로 된 셈이다. 지금이라도 이 책이 사회에 강요되는 현실을 깨는 데 조금이라도 도움이 된다면 나름대로의 보람으로 삼아볼만 하겠다.

 참고문헌

I. 資料

《三國史記》

《三國遺事》

《三國史節要》

《三國志》

《日本書紀》

《舊唐書》

《新唐書》

II. 영상물

KBS 역사추적, 1300년 만에 밝혀진 의자왕 항복의 비밀, KBS 영상사업단, 2008.

III. 研究書

충청남도역사문화연구원, 《백제문화사대계 연구총서》, 2007.

李昊榮, 《新羅三國統合과 麗濟敗亡原因硏究》, 書景文化社, 1997.

이도학, 《살아있는 백제사》, 푸른역사, 2003.

공주대학교백제문화연구소, 《백제부흥운동사연구》, 서경, 2004.

노태돈, 《삼국통일전쟁사》, 서울대학교출판부, 2009.

盧重國, 《百濟政治史硏究》, 一潮閣, 1988.

申瀅植, 《百濟史》, 이화여자대학교 출판부, 1992.

李基東, 《백제사연구》, 一潮閣, 1996.

이희진, 《전쟁의 발견》, 동아시아, 2004.

양종국, 《백제 멸망의 진실》, 주류성, 2004.

金榮官, 《백제부흥운동사연구》, 서경, 2005.

노중국, 《백제부흥운동 이야기》, 주류성, 2005.

문안식, 《백제의 흥망과 전쟁》, 혜안, 2006.

김수태, 《백제의 전쟁》, 주류성, 2007.

윤선태, 《목간이 들려주는 백제 이야기》, 주류성, 2007.

양종국, 《의자왕과 백제부흥운동 엿보기》, 서경문화사, 2008.

이희진, 《백제사 미로찾기》, 소나무, 2009.

Ⅳ. 硏究論文

金榮官, 〈羅唐聯合軍의 百濟侵攻戰略과 百濟의 防禦戰略〉, Strategy 21, 1999.

이기동, 〈기울어진 백제의 국운〉, 《백제를 다시 본다》, 주류성, 1998.

신형식, 〈중국과의 교류위해 서해안 항로개척〉, 《백제를 다시 본다》, 주류성, 1998.

김균태, 〈백제 패망에 얽힌 설화들〉, 《백제를 다시 본다》, 주류성, 1998.

李熙眞, 〈백제의 멸망상황에 나타난 군사상황의 재검토〉, 《史學研究》 64, 2001.

김수태, 〈삼국의 외교적 협력과 경쟁〉, 《新羅文化》 第24輯, 2005.